すべてを叶える
自分になる本

魂が導く「転機」に気づいた瞬間、
求めていた人生が動きだす！

Who you are is how you make
your wishes come true.

原田真裕美
Mayumi Harada

青春出版社

はじめに

自分の魂が変化を求めているのがわかるでしょうか。
自分の直感が今行動しないといけないと騒ぐでしょうか。

自分の毎日に「もういい加減に今の状況から脱出したい」「このままの状況が続くのは嫌だ」と感じたり、仕事について「今の仕事をこのまま続けていてもいいのだろうか」「他にもチャンスがあるんじゃないか」「転職するなら今しかないかも」と心配になったり、プライベートで「このまま結婚しないのだろうか」「今つきあっている人とこのまま、つきあい続けていいのだろうか」などと感じるとき、自分の中にある「来年こそは何とか生活を変えたい」「もっと将来を安定させたい」「もっと上を目指せるところに行きたい」という願いを叶えるべき時期が来ているのでしょう。

こういった気持ちになるのは、自分の理想と現状にズレがあって、「それを今修正しなくちゃ、先が危ない！」という魂の叫びが聴こえているからです。先が危ないというのは、「生活はできたとしても、魂的には満たされない」という意味です。

これまでやってきたことを、とりあえず、これまで通りに続けるしかないとわかっていても、それに感謝ができない、やっていることに集中できない、頑張ろうという気持ちになれない、毎日が同じことの繰り返しでつまらない。だから思い切ってすべてを止めたくなったり、落ち込んだり、不安にかられたりする。そんな状態が続いたら、魂レベルでの新しい目標が必要になってきたのです。

すぐに現状を変えられなくても、魂的に将来性のある新しい目標や計画を立てないと、このまま進むのは心配なのでしょう。自分がどんどん後退して、人生先細りしていくように感じているのかもしれません。でも、どうしたらいいかわからなくて、ボーッと何となく生きてしまう……。

そういう状態を私は、「仮の姿で生きている」とか、「魂的アイデンティティー・クライシスに陥っている」と表現しています。魂的に求める自分の在り方と、今やっていることにズレがあって、なりたい自分と今の自分がかけ離れているという自覚と、それに対する不満から、自己を認識できなくなる状態です。

魂的アイデンティティーというのは、魂の証明書であり、自分の魂の看板のようなものです。「これが私」だから、「これでいいんだ」と納得できないとき、「何やってもピンと来ない」とか「ちょっと違うなぁ」という不満がぬぐえないときは、魂的アイデンティティー・クライシスに陥っているのかもしれません。

状況を変えたくても、どうしていいかわからなくて、現状にしがみついているというのは、新しい発想と行動ができていないからです。

現状維持しながらも、次には何がやりたいかとか、今の経験を生かして次に何ができるかとか、または新しいことをやってみようとか、発想を新たにして、まずは魂的な自由を感じられるようになりましょう。たとえ仕事を失うことがあっても、それで新しいチャンスを得ると考えるべきだと思います。ひとはそういう窮地に立ったときほど、なんでもできる自分になれるのです。

「何か変えたくなってきた！」、そういうときは、魂的にもサバイバル的にも、生き残っていくために、**人生の軌道修正**をしましょうというサインです。

今の人生は、あなたのどんな将来につながっていくのでしょうか。

今すぐ何か変えたい、変わりたいという気持ちがなければ、無理に変えなくてもいいのですが、変化を求める気持ちがあるのなら、新しいことをやりたい気持ちがするのなら、それは魂からのシグナルなので、その気持ちに正直に行動してみてください。

この2年くらいの間、何もいいことがないとか、悪いことばかりが続いている、という方も軌道修正をするタイミングが来ていると考えていいでしょう。

人生の変わり目には、「自力で人生の流れを変える時期」と、「環境によって人生の流れが変わる時期」があります。そしてその間に、「人生を見直す時期」という、安定期とも停滞期とも言える時期があります。

エネルギー的には、平穏無事なときよりも、波瀾万丈なときのほうが活発で、人の生命力が強くなる感じがして、自分の底力を発揮しやすいものです。

また、何も代わり映えしない、退屈な日々を過ごしていると感じるときにこそ、冷静に自分の人生にまだ足りないものを観つめるべきで、「つまらない」と思ったことがキッカケで、新しいチャンスを発掘できる可能性が生まれるのです。

私はかれこれ30年以上、独自の「魂リーディング」で、可能性ゼロだった状況から、新しい可能性が生まれるケースを毎日のように観てきました。

すべてのきっかけは、「自分が望むこと」から始まります。何を望んでいるのかわからなくても、何か新しいことを望んでいると自覚することが大切です。自分がやってみたいことについて、情報を集めて、ピンとくるものを探しつづけましょう。

自分で望んで選んだものが、当初イメージしたものとは全く違う結果につながることも、よくあります。でも、そこから正真正銘の理想に辿《たど》り着けることも多いのです。理想の道というのは必ずしもまっすぐに直線で進めるものではなく、回り道を繰り返して、独自の道を創りながら進んでいくというのが、本当のところだと思います。

自分が望むことが、今の現状から考えると実現不可能に感じられるなら、ここで発想を新たにしないといけなくなります。

決して、行動する前にあきらめてはイケマセン。**「方法、環境、アプローチ、タイミング」**を新しくすると、成果が出せるようになるものなのです。

どんなに選択がないように思える状況でも、必ず新しい選択や可能性は存在しています。まずは**自分で望むこと。環境を整えること。行き止まりの発想から自分を解放して、魂的に自由になること**です。

新たなる可能性を発生させていくという選択は、誰にでも可能なことだと思います。何かを失うときは、それで新しく何かを得るのです。物事は「終わる」のではなく、さらに「生まれ変わる」のだと考えてください。

一般的な悩みといえば、恋愛、結婚、仕事、お金、健康、といったところですが、これらをサバイバル目的で求めると、必ず不都合が出てきます。

私は、万事に**「魂的価値」**と**「サバイバル的価値」**があると考えます。ですから、何をするにしても、**魂を満たすためにやるのか、肉体としての命を存続させていくため、サバイバルのためにやるのか**を考え、魂的価値とサバイバル的価値のバランスが取れていることを大切にするべきだと思います。

魂的にもサバイバル的にも満たされることが最高で、それができない場合は、魂的価値のあることだけ、サバイバル的価値のあることだけという両方をやって、バランスを取ります。**最高の人生というのは、魂的に満たされた人生**です。サバイバルしながらも、常に「魂優先」でいられるように、するべきです。

サバイバル的価値を優先してしまうと、結果的に満足しない、魂的には満たされない選択をする可能性が高くなります。とりあえずお腹がいっぱいになるものを食べても、栄養が豊富でなければ、いくら食べても満たされない感じがするのと同じです。

あなたの魂を満たすための恋愛、結婚、仕事、お金、健康を手に入れるのだと考えてください。今の時点で不可能と思われることを、どうやって可能にしていくか。サバイバル本位の人生を、どうやって魂本位に変えていくか。私の魂的発想が、あなたの魂に連結して、どんどん新しい閃《ひらめ》きを生んでくれることを願っています。

あなたのすべての夢が叶いますように！

原田　真裕美

『すべてを叶える自分になる本』 目次

序章 人生のステージが変わる時が来ています！

1

「魂の出会い」の章

自分をより完全にする最高の相手が必ずいるのです

2

「魂のパートナー」の章
その人との関係を修正し、本当の愛を育てましょう

3

「魂の仕事・お金」の章

いまが、理想の人生へ方向転換するタイミングです！

4

「魂の親子関係」の章

親子という課題を超えていきましょう

5
「魂の居場所」の章
あなたが本当に心地いい環境・磨かれる環境を見つけてください

6

「魂の浄化」の章

澄んだ心とからだと魂に整えていきます

カバー写真　argus / shutterstock.com
本文デザイン＆ＤＴＰ　ハッシィ

0

人生のステージが変わる時が来ています！

誰にでも魂のメンテナンスの時期があります

今のあなたの人生は、魂に導かれたものなのでしょうか。
それともご縁に導かれたものなのでしょうか。
なぜ、その道を選んだのですか。
これまでずっと自分の思うようにつき進んで来た人生でしたか。
それとも仕方なく、なるがままに流されてきた人生なのでしょうか。

誰でも、ある時期がくると、
今の自分の生き方は、「自分が選んだ人生」だと納得できるだろうか…
今の環境で自分は満足だろうか…
自分はこれからの人生に何を望むのだろうか…
そんなことを考えるようになるものです。

私は、「魂のメンテナンス」の時期がくると、そんなふうに思うようになると考えます。不安でたまらなくなって、焦ってばかりになる人もいます。しかし、これは人生が変わるべき時期が来たという胸騒ぎなのです。**次に進む準備**ができたのでしょう。

「このままだと自分の望んでる方向に進めない」……そう感じたら、**魂のメンテナンスの時期**なんだと考えてください。**気が付いた瞬間に新しいチャンスが来ているということ**ですから、それをつかむ準備を始めましょう。

今あなたの魂が揺れ動いているとイメージしてみてください。**魂の揺れで発生するエネルギーを上手に使って、次のステージに進みましょう。**

この魂の揺れは、自分の理想に近づくと穏やかになります。自分の人生が、自分の理想に合っているかを知るセンサーのようなものですね。

「魂的メンテナンス」の時期同様に、**「サバイバル的メンテナンス」の時期**というのもあります。

これは「このままじゃお金に困ってしまう」「生活改善しないと身体を壊してしま

うかも」「精神的に続かない」と感じて、不安でたまらなくなる時期です。

これは、サバイバルのための環境が、自分の魂までも蝕んでいるという証ですから、まずは働く環境を改善しましょう。

あまりにも不安になりすぎて、動けなくなってしまう人もいますが、「なるようにしかならない」とあきらめるタイミングではありません。「なるようにしかならない」というのは、やれることを全部やってからでないと言えないと思うのです。

「魂的」vs.「サバイバル的」という基本のコンセプト

ここで、「魂的」と「サバイバル的」という、私独自の基本のコンセプトをお伝えしておきたいと思います。

人の幸せには、「魂的」な幸せと、「サバイバル的」な幸せがあって、その両方を満たさなければ、バランスのとれた幸福感は感じられないものだと私は考えます。

ですから、物事の価値を判断するときに、「魂的」価値があるのか、「サバイバル的」

価値があるのかを観ます。

魂を満たす幸せは、愛情や感謝の気持ちと、それに伴って発生する生命力のエネルギーのやりとりで生まれる幸せです。たとえば、自分の在り方にブレがないと思える自信も、魂的な幸せです。

「サバイバル的」な幸せは、魂が宿る肉体を維持していく、サバイバルのためのものです。たとえば健康であること、快楽を感じること、そのために必要なお金や物を得ること、そしてそれを消費することで感じる幸せなどです。

これまでの人生で、魂的に満たされることを優先してきましたか。それとも生きていくために、お金など現実的に満たされることを優先してきたでしょうか。

どちらかが優先になりつつも、双方を満たす努力ができているなら、それは理想的な生き方と言えるでしょう。

しかし、どちらか片方しか満たせていないと、不満が溜まってくるものです。

自分の理想と、今の現実とのズレは常にあります。それを埋めようとすることが楽しみや喜びとなり、人生を豊かにしてくれます。そういう人生は希望に満ちています。

魂的な豊かさと、実質的な生活の豊かさの両方を感じられなければ、空回りしているような気がして焦ったり、このまま一生、自分の人生に満足できないままで終わってしまうのではないかという虚しさを感じてしまうものだと思います。

私の考える「豊かさ」というのは、「より多く」ということではなく、自分が持てる可能性を最大限に活用できる幸せから生まれる豊かさです。

これは「今できることを全部やっている」という幸せです。

たとえば素材に感謝して、無駄なく使い切る達成感、そんな感じと似ています。そんなふうに自分の理想に向かって、今できることをすべてやっているでしょうか。

満足できる人生というのは、その時々で自分が選択してきた道が、自分の納得いくものであるかどうかが決め手です。

自分にあるものとないものが何かを考えて、あるものを活かし、ないものは本当に必要ならば足していき、必要なければ人生の目標から外してしまう。そうやって、自分に与えられた可能性を最大限に活かしていけるとき、その人生に満足できるのだと思います。さらにはその可能性を自分以外の人々の人生を豊かにしていくために活かすことができれば、それはさらなる極上の幸せとなるでしょう。

具体的に何を変えたいですか。自分の人生に足りないもの、満たされていないものは何でしょうか。そしてそれは魂的なことですか、サバイバル的なことでしょうか。

恋人やパートナーが欲しい、結婚したい、離婚したい、一人暮らしがしたい、子どもが欲しい、家が欲しい、転職したい、独立したい、新しいことを学びたい、留学したい、海外に住みたい、そのためにお金が必要だし、健康でいたい……。

そんなふうに、自分がやりたいことを考えるときに、まずは今の自分を魂的に満たし、自分の魂を解放するためにやるべきことを考えてください。

生活していくためにとか、もっと収入を安定させるためにとか、そういうサバイバル的な理由を最優先にして物事の選択をすると、思い通りどころか、停滞してしまうこともあります。

まずは**自分が誰で、何をする人でありたいのか、自分の理想のアイデンティティー**

を見極めてください。それが今の現状とかけ離れていると、自分の理想の枠に入れず、なりたい自分になかなか近づけなくて、その外で空回りすることになります。

理想と現実のズレは常にあります

とにかく自分の目標を見直しましょう。

そして、**等身大の自分に合った、自分の本質に合った目標を立ててください。**なりたい自分が、本来の自分に合わなくて、自分じゃない自分になろうとして、空回りすることもあります。

ビッグになりたいとか、お金持ちになりたいとか、有名になりたいとか、お金持ちと結婚したい、というのも、よくある「なりたい」ですが、これらは「理想」というよりは、基本的には「欲望」です。モチベーションとしてはプラスになるでしょうが、それを理想と誤って認識してしまうと、そうなれない自分はダメという答えにつながっていくので、気をつけてください。

今の自分のままでは達成できない目標に飛びつこうとすると、手が届かなくて、夢や希望が絶望感に変わってしまいますから……。

自分を迷わせる「魂のアイデンティティー・クライシス」

魂のアイデンティティー・クライシスは、自分が何をやろうとしているのか、どんな目的に向かっているのか、自分を認識できない状態です。こういうときは**今の自分が気に入らない**という気持ちになります。

そんなとき、仕事を辞めたり、つき合っている人と別れたり、引っ越したり、すべてを変えてしまえば、その不満が解消されるかもしれないと、大胆にすべてを変えようとする人もいます。

しかし、自分の魂を証明できるような生き方、自分の理想が反映された姿勢を貫くためには、**自分の現状と理想の違いを知って、その差を自分がどうやって埋めていくのかが観えていないといけない**のです。

やりたい仕事ができていないとか、やっている仕事の内容が自分の性格に合っていないというとき、それを嫌悪するのではなくて、嫌なこともきっちりやれる実力をつけるときだと思いましょう。やりたい仕事に転職できるように、準備をすることで、自分の理想の軌道に乗れることになります。

理想の仕事にすぐに就けなくても、「本当は何をしたいのか」がわかっていれば、少しずつ自分の夢の仕事に就くための可能性を生んでいけます。本当に好きなことは仕事にしないで、趣味として楽しめたほうが幸せだったりすることもあるのです。

学生の時期も、このアイデンティティー・クライシスに陥りやすくなります。

何のために勉強しているかはわかっていても、本当にそれができるようになるのか、まだわからない状態で、勉強しながら、あれこれ悩むこともあるでしょう。語学留学しているときなどは特にです。母国語で自己表現できない状態のうえ、勉強中の言語では十分に自己表現できない。語学を身につけてから、そのまた先の目標に向かって学んでいけるようになるまで、自分のアイデンティティーは、学生という、なんとも曖昧な、何の即戦力も確かな将来性も示さないものになってしまいます。

専業主婦になって、「誰かの奥さん」というだけでは物足りない、という魂のアイデンティティー・クライシスに陥る人も多く、その場合は自分が誰かを証明するために、何かに取り組まないといけません。自分のやっていることが、自分の理想とマッチしていないと、自分自身に居心地の悪さを感じてしまうからです。

たとえば、「何のお仕事をされていますか？」と聞かれたときに答えづらかったりするなら、その仕事をしている間の自分は仮の姿で生きているということです。仮の姿で生きている間は、誰に出会っても本当の自分をアピールすることができません。

そんなときほど、**自分はどっちに向かって進んでいるのか、何をする人になろうとしているのか、本当は何をしたいのか、自分の理想のビジョンを明確にして、人生の方向性と自分の魂の求める未来を確認**してほしいのです。

今やらなければいけないことは、何でしょうか？

さて、今のあなたの魂は、どんな状態でしょうか？
魂的に今やらなければいけないことは何でしょうか？
自分の理想の人生のパズルを完成させるピースは揃っていますか？
出会いもないし、代わり映えしない環境で停滞した感じがしていますか？
このまま今の生活の延長線上に、自分の理想の未来が観えるでしょうか？

自分の思い通りに生きたい。
「魂的に解放されて、自由自在に生きたい」

とはいっても、結局は「なるようにしかならない」わけで、それを受け入れるしかなくて、人生を自分で選ぶことなんて、できないんじゃないか。そんなふうに、考えることがあるかもしれません。

条件的に恵まれた人と自分を比べると、もともと持っているものが違うから仕方ないと思ってしまうかもしれません。頑張っても、どうしても成果が出せないと、どんなに望んでも手に入らないものがあると思ってしまうでしょう。

魂的な観点で「思い通りに生きる」ということは、自分の能力や現状や立場を超えて、自由な発想で自在に行動できることだと思います。

「自分で選ぶ」ことを考えるときに、ここで目標を固定してしまうと、それが達成できたかどうかで、成果を判断してしまいがちです。すると、人生を断定的に「ダメだった」とか、「あきらめるしかない」などと、判断してしまうことになります。これは魂的には「行き止まり」を意味すると思うのです。

もともとの目標が自分の本当の理想からズレている場合もあります。自分の本質に合わない目標を立ててしまい、なかなかそれに気がつかないことは、ありがちです。

間違った目標を追って、実際にそれを手に入れてやっと、自分に合っていないと実感できることもありますし、人生がその間違いを教えてくれるような出来事が起こったりもします。

そこから素直に学ぶことで、魂的に豊かになっていける。これは**失敗ではなく、魂的な学びのプロセス**であり、そこから新しく自分で運を生み出していくキッカケにつながっていくのです。

人生は自分の思い通りに進めたほうがいい。

でも、結局はなるようにしかならない。

誰もが、この2つの真実の間で葛藤します。

それでもやはり、思い通りに進んで来られたと感じられる人のほうが、成り行きにまかせて来ていると感じる人よりも、人生の充実感や達成感、そして幸福感が高いように思います。

思い通りに進んでみて、その成り行きで結果が出る、そしてそこから、さらに思い通りに進んでみる、ということを繰り返すのがいいのだと思います。そうしているうちに、自分の使命がわかり、それに伴った目的が見つかれば、もうそこからは、止まることができないでしょう。

自分の魂に導かれて、魂の目的に向かって、自分の持つサバイバル・スキルを活かしながら進んでいくことができると、それだけで最高の幸福感が得られるはずです。

「もっと違う人生を選びたいと思ったところで、現実的には選べない」といった発想ではなく、「魂的に解放されるために、どういう人生であるべきなのか」ということにフォーカスして、新しい人と出会ったり、新しいことに挑戦したり、途中までやりかけて挫折したことに取り組んだりしてください。

結婚したり、仕事を変えたりしたいなら、それを可能にする発想から始めましょう。魂的な結婚「魂婚」の相手を見つけると考えてください。サバイバルのための仕事を続けながらも、魂的に満たされる仕事を始める方法を考えましょう。自分の中に夢のビジョンが湧き出たら、何らかの方法でそれに近いところに自分を持っていきましょう。今の自分の人生のサバイバル的なところを、もっと魂的にするには何ができるでしょうか。

2年周期という軌道修正の仕組み

私は人生の軌道を修正するにあたって、魂的には年齢制限はないと考えています。いつからでも人生を改善していくことはできると思うのです。

たとえば、サバイバル本位だった人生を、魂本位に変えていくことは、いつからでもできます。自分の人間関係を、魂的なつながりの持てる人たちだけにしていったり、自分の魂が喜ぶ環境を整えたりすることは、誰にでも今すぐに始められます。

私が魂リーディングをする際、現在から2年先くらいまでの未来の予知と、1年前からの流れがどう今に影響しているかを観ます。

実際に、人生の軌道修正は2年周期、根拠が発生する年を含めると3年周期の人が多いようです。「きっかけ」や「目標」、「決意」が発生する年、それに基づいて「行動」する年、「結果」を出す年。何か新しいことに取り組むとき、行動を始めてから2年くらいで結果が見えてくると考えて、そうでない場合は、何か足りないのか、本当に将来性があるのか、チェックするといいでしょう。

結果が出る頃には、次のきっかけや目標、決意ができていたりするので、2年目の終わりには前の周期の終わりと次の周期の始まりが重なることも多いです。

自分に目標ができてから、2年以内に何も達成できていなかったり、何も変わったりしていなかったら、軌道修正する必要があると私は考えます。2年で物事が熟する。悲しみが抜けるのにも2年かかると感じます。ですから、だいたい今から2年先の目標を立てながら、1年以内に達成すること、その結果から翌年に期待できることなどをイメージすると効果的だと思うのです。

年齢的に見られる「ステージの変化期」

何か新しいことに取り組みたくなったり、人生の次のステージに移りたくなったりするタイミングは、人それぞれ千差万別で当たり前だと思うのですが、魂リーディングをやっていて感じる、**年齢ごとの人生のステージの変化期**というものがあります。

魂的には、いつからでも変われるし、新しいことにチャレンジできると言えるのですが、たとえば女性にとっての出産など、年齢的に制限があるステージもあります。

人生の可能性を年齢で判断するべきではないと思うのですが、確かにある年齢による人生の傾向があると感じます。たとえば、女性の26歳、35歳、38歳、46歳、50歳、64歳、男性の32歳、35歳、42歳、50歳、64歳、そして子どもの7歳、9歳、11歳と19歳などです。

そして、後でご紹介しますが、**年齢一桁の数字に表れる「1－5－8のトランジション」**というのも、人生を見直すタイミングのガイドラインになると考えます。

わかりやすい例といえば、大人になったことを自覚して結婚を意識するようになるのが、女性は26歳、男性は32歳。私はすぐに結婚して出産したいと決心している女性たちに、32歳未満の男性はあてにしないようにとアドバイスしています。

たくさんのセッションをした経験から生まれた私独自の持論ですが、男性は32歳を過ぎないと、大人としての自覚が定着しないような印象を受けるからです。もちろん、そうでない男性もいるでしょうが、32歳未満の男性が自分にとっての正しい結婚はどういうものか理解しているかとか、家庭を持つ責任を覚悟しているかというと、そうでない人の方が多いという印象があります。

年齢によるステージの違いが結婚に影響する典型的な例としては、38歳の女性が32歳未満の男性と結婚しようとするケースがあげられます。

38歳を過ぎた女性のほうは結婚も出産も心の準備ができているし、出産のタイムリミットという危機感に押されて真剣勝負をしているのに対して、32歳未満の男性のほうはまだ結婚して家庭を持つ覚悟ができていないことが多く、人生のステージの違いが理由で別れることになるというケースが多いのです。

仕事でいえば、男女共に40歳前後からの転職、特に職業をすっかり変えてしまうような転職は「年齢の壁」にぶつかる人が多いでしょう。

そして出産。私は40代で2人出産したので、40代出産は素晴らしいと思うのですが、誰もが40代で出産できるわけではないというのも事実です。

独身女性にとって38歳というのは、「このままでは、結婚も子どももありえない！」と危機感いっぱいになるターニングポイント。結婚するのか、出産するのか、日本で暮らすのか、海外に出るのか、今後の仕事をどうするのか、そういったことに対する決断に迫られる時期になりやすいようです。

この年齢のときに、そういうことをなるがままにしていると、魂的にもサバイバル的にも、不都合になる現実的な理由が折り重なる時期なのではないかと思います。

その他にも、男女共にキャリアの方向性について考える35歳、一生独身貴族か、それを卒業するか、「もうそろそろ、このまま一人はイヤかも」と結婚に真剣になる独身男性のターニングポイント42歳。その他にも、天性の才能が露わになる11歳や19歳、独立のチャンスや理由が降ってくる50歳、健康に関しては、不摂生人生を暴走すると64歳まで、それを健康に越えられたら、そこから長生きできるような、そんな印象があります。

年齢を考えると、人生を変えたくても変えられない、今まで通りの流れに乗っていくしかないと、開き直ってしまう人もたくさんいらっしゃいます。

だからといって思い切って、準備もなく条件も揃っていないのに、人生を無理矢理理想の方向に変えてしまうことは、ダメージのほうが大きくなって、結果的に自分が苦しむことになるかもしれません。

しっかり準備をしながら、最高のタイミングで行動する必要があります。結婚したいならば、転職したいならば、夢を追いかけたいのであれば、希望を持ち続けて準備をしながら、そのチャンスが来たときに、さっと動けるようにしましょう。まずは、チャンスが来ることを信じながら、自分のペースで、自分の人生を丁寧に生きていくことが一番大切だと思います。

人生の万事を魂的観点から観ると、サバイバル的に判断したことで生じる不都合がはっきり観えてきます。サバイバル重視で選んだ道には妥協がつきものなので、必ず不都合が出てきます。それも自分の死活問題につながるような。これが私独自の結論です。魂的に選んだことは、不都合が出てきても、それが自分を成長させてくれるのです。

人生の転機をどうやって魂的に切り抜けるか。ここから一般的な人生のチャレンジについて、私独自の魂的見解をシェアさせていただきたいと思います。

Column

人生の方向性を決めるなら、1－5－8のトランジション

年齢で、個人の人生の展開を限定することはできませんが、年齢という「数字」のもつエネルギーやイメージが無意識のうちに影響して、自分の人生を位置付けしようとするようなところがあると、私は感じます。

例えば、「もういい歳だから、あきらめよう」とか、「年齢はどんどん上がるのに、自分は成長できてるのだろうか」と思ってしまうとか。肉体的な成長と共に、思考や行動に特徴が現れるように思うのです。私にはそれを科学的、学術的に証明することはできませんが、たくさんの魂リーディングをさせていただいた経験から、「年齢によって表れる傾向」について感じるところを、ご紹介いたします。

ただし、一般的な占いではないので、不吉とか不運な年齢というのはありません。どの年齢もポジティブで素晴らしいというのが、魂リーディングの基本的なコンセプトです。不幸に直面しても、それを不運だと決めつけず、どんな苦境の嵐の中でも前向きでいるために、これらの傾向を参考にしてください。なお、15歳以下のお子さんに関しては、保護者のみなさんが参考にしていただけますように。

魂リーディングで、年齢の1桁の数字に見られる傾向

一桁の年齢別に、その特徴をまとめました。極めて私的な視点で捉えたものですが、「そういえばそうかも？」と人生の流れの輪郭を捉える目安にしていただければ本望です。

0◆（新生）◆まさに新しいサイクルの始まりです

1◆（使命）◆自分の得意なこと、強烈に興味をもつこと、目標、使命などが明確になる時期

2◆（自我）◆どちらかというと自我を優先して自由に過ごしていたい時期

3◆（認識）◆自分の特性や社会で置かれる立場などを認識する時期

4◆（養成）◆自分に足らない部分が気になり、さらに自分を高めたくなる時期

5◆（確認）◆これまでの人生で達成したこと、今後の人生の目標を見直す確認の時期

6◆（自覚）◆自分がどこまで成長できたか、どれだけ結果を出せたか自覚する時期

7◆（期待）◆まわりから期待されやすい時期。その期待に応えられるか悩む時期

8◆（決断）◆自分の今後の人生について、真剣に答えを出したくなる決断の時期

9◆（総括）◆これまでの10年の締めくくって、次の10年の始まりに備える時期

ざっとまとめると、こんな感じです。あくまでも私の持論なのですが、もっと詳しく、解説してみましょう。自分の過去や現在をこの年齢の特徴とあわせて考えると、「そう言われるとそうかも?」といった感じがあるでしょうか。

特に、1-5-8のつく年齢は、「何とかしなきゃ」という焦りというか、どっちに転んでもアリみたいな状況の中で、本当に自分はどうしたいのか、悩む人が多いような傾向を感じます。それらの年齢というのは、ざっと次のような感じです。自分の本質と才能、理想と現実、それらが激突する年齢といったイメージです。

1歳、5歳、8歳、11歳、15歳、18歳、21歳、25歳、31歳、35歳、38歳、41歳、45歳、48歳、51歳、55歳、58歳、61歳、65歳、68歳、71歳、75歳、78歳、81歳、85歳、88歳、91歳、95歳、98歳、101歳……

1桁に0のつく年齢（新生）◆まさに新しいサイクルの始まり

0、10、20、30、40、50、60、70、80、90、100

0歳で人生が始まり、10歳、20歳、30歳、と1桁が0の年齢になるときは、次の年代に移行したというだけで達成感があり、確かに成長したと意識しますよね。もう20歳になったんだから大人だとか、30歳になったんだから結婚考えなきゃとか、そう思うのは一般的なことで、ここで自分のこれからの10年のスタートラインに立ったような気持ちになれるときです。

1桁に1のつく年齢（使命）◆自分の得意なこと、目標、使命などが明確になる時期

1、11、21、31、41、51、61、71、81、91、101

子どもの才能は、11歳くらいで顕著になるように私は感じるのですが、一桁に1のつく年齢は、自分が何をしたいか、自分の才能や自分なりの目標、自分が興味の対象を見極めたいという気持ちに影響されます。自分の使命を知りたいという気持ちが高まる年齢かもしれません。運命を分けるような出来事も起こりやすい年齢だと思います。

1桁に2のつく年齢（自我）◆自我を優先して自由に過ごしていたい時期

2、12、22、32、42、52、62、72、82、92、102

一桁に2のつく年齢は、比較的安定している感じで、良くも悪くも現状維持するしかない状態で過ごす人が多い印象があります。何にもとらわれず、自由に過ごしながら、自分らしさを確立するのにいい時期なのでしょう。2歳児に見られるイヤイヤ期というのがあるのですが、これは自我に目覚めて何でも自分の思うように行動したい時期で、この傾向は一桁が2の年齢に共通して見られるように思えるふしもあります。反抗期とまではいいませんが、自分の理想に沿わないものには、とことん疑問を感じてしまうかもしれません。ここで自分の理想について探求するべき年齢なのでしょう。

1桁に3のつく年齢（認識）◆自分の特性や社会で置かれる立場などを認識する時期

3、13、23、33、43、53、63、73、83、93、103

一桁に3のつく年齢は、一桁が2の年齢の続きのようでいて、自分の得意なことや目標を知って、自分らしさを確立しながら、その自分は社会的にどんな立ち位置にいるのか、どんなふうに評価されているのか、自分にどんなチャンスがあるのか、そういったことが気になる時期という印象があります。一桁が0の年齢から、いろいろ考えてきたことが、まとまってくる年なのかもしれません。自分が誰かを認識したうえで、社会の中でどんなふうに評価されるのか、試してみたくなる年齢でもあるのでしょう。この年で自分にどんなチャンスがあるか確かめたくなったら、思い切って勝負してもよいと思います。そのために必要なエネルギーが出やすい時期です。

1桁に4のつく年齢（養成）◆さらに自分を高めたくなる時期

4、14、24、34、44、54、64、74、84、94、104

自分の目標、特性、使命などがわかったうえで、さらに自分の理想に近づくために、自分の能力を高めたくなる傾向が強いようです。ある意味、中途半端な時期というか、自分自分の好みや希望は明確になったけれど、まわりからどう評価されているのかが、よく把握できず、思い通りに進めるのかどうか、自分の実力を客観的に評価するようになるのかもしれません。自分に何ができるかよりも、何が足りないかが気になったり、さらに自分を高めるために何ができるか、そんなことに気持ちが集中する時期ではないでしょうか。

1桁に5のつく年齢（確認）◆これまでの人生と、今後の人生について見直す時期

5、15、25、35、45、55、65、75、85、95、105

数字の印象から明らかに、「その年代のちょうど半ばまできた」という達成感とか、時間の流れなどを確認できるのが1桁に5のつく年齢だと思います。達成感というよりは、「で、だからどうなの？」そして「これからどうなるの？」といった感じの人もいらっしゃるでしょう。ここにきて、どれだけのことを達成できたか、これから何をしたいのか、そういったことを考える気持ちにスイッチが入りやすい時期です。

1桁に6のつく年齢（自覚）◆自分がどこまで成長できたか、どれだけ結果を出せたか自覚する時期

6、16、26、36、46、56、66、76、86、96、106

その年代の半ばから一歩さらに踏み出すことになる、1桁に6のつく年齢。ここから、どっちに向いて、どんな目標を掲げていくべきか、気になりやすいのではないでしょうか。それまで達成してきたことを振り返って、自信が持てたり、または思うように結果が出せなくて、何か他の方法を真剣に探したり。安定を選ぶか、冒険を選ぶかみたいな相対する選択をすることになる人も多いでしょう。

1桁に7のつく年齢（期待）

◆まわりから期待されやすい時期。その期待に応えられるか悩む時期

7、17、27、37、47、57、67、77、87、97、107

一桁が7の数字の年齢は、その年代における自己確立後半の締めくくり期のスタートのような感じがします。自己評価よりも、周りの人からの評価や期待に運命を大きく影響されるような、そんな印象もあります。その人の本質や才

能が明らかに表面化しやすい年齢なのかもしれませんね。それで人から慕われやすくなるのかもしれません。ここで何の特徴も特別な才能も実感できないという人は、ここから次の3年間で、自分の得意なことや、特化できるとしたら、何が向いているのかなど、考えるべきでしょう。一桁が1の年齢と同じく、運命的な出来事が起こりやすい年のような印象もあります。

1桁に8のつく年齢（決断）◆自分の今後の人生について、真剣に答えを出したくなる決断の時期

8、18、28、38、48、58、68、78、88、98、108

自分の本質や才能が明らかになって、さらにそこから何をするのか、これからのことが気になる年齢です。次の年代が始まってからの10年に向けて、今やっておかなければいけないことは、何でしょうか。女性に見られる傾向として、28、38、48歳というのは、「このまま独りでいるのかしら？」と、結婚を意識して焦るようになる年齢でもあるようです。男女共通して、転職を考えるよう

になる人も多いようです。

1桁に9のつく年齢（総括）◆これまでの10年の締めくくって、次の10年の始まりに備える時期

9、19、29、39、49、59、69、79、89、99、109

その人の次の10年の方向性が決まってくるのが、一桁が9の年齢ではないかと思います。10年かけてやってきたことが、どんな可能性の実を結んだか、自分でも確認しやすくなる年齢でしょう。そして次の10年をどんなふうに生きたいかも観えてきやすい年齢ではないかと思います。締めくくりの年なので、思い切って何かを始める勇気も持ちやすいでしょうし、ダメもとで挑戦する勇気も湧きやすい時かもしれませんね。この年代が終わってしまう！と焦るのではなくて、次の年代をどう華麗に生きるかにフォーカスしてくださいね。

1

「魂の出会い」の章

自分をより完全にする
最高の相手が必ずいるのです

「自分の願いを叶えましょう！　魂的出会いがありますように…」

どうして今までずっと独身だったのでしょう？

理由があって待ったはずなんです。

ずっと仕事ばかりしてきて、ちゃんと恋愛をしてこなかったからでしょうか？

結婚を意識してこなかったからでしょうか？

恋愛はしたけど続かなかったとか、恋愛してきた相手はみんな既婚者だったとか。または婚約までいった相手から突然破談を言い渡されたとか、結婚はしたけど離婚したなど、どういう理由であれ、独身であることをネガティブに考えないでください。すべての負のサイクルは自分から始まります。まずは今独身である自分は、幸せな結婚の可能性の塊だとイメージしてください。

ここで自分のネガティブなエネルギーをポジティブに変換しましょう。

やっと本気になれたのです。その魂を祝福しましょう！

こうして誰かと生きていく決心がついたのです。自分の中で何かが確立されたということです。それは新しい将来に向けての希望です。**自分の魂が、この世のどこかに存在する自分の魂の片割れにつながっていくイメージをしてください。**「立派な大人」だという自信がありますか。自分なりに選んだ道で精一杯独りで頑張ってきた自信があるでしょうか。

「精神的」にも「経済的」にも自立していること、大人としての「判断力」と「理解力」「包容力」があることが、自分の魅力であり、魂的な価値なのです。今の時点で自立できていないし、自信もないと感じる人は、それらの課題と取り組むときが来ていると考えましょう。

「ずっと結婚するつもりで待ってたけど、何も起こらなかった」という人は、もう待ってられないということです。自分から相手を探す決意をしましょう。自分から積極的に人に声をかけられない人は、まずはオープンで愛情豊かなエネルギーを発信できるように、身に付けるものや、心構えなどを工夫してください。知人や友人に人を紹介してもらったり、新しく人と出会ったときに、せめて話しかけやすい雰囲気でいてくださいね。

理想の相手と出会える人は、自分も誰かの望むものを与えられる人なのです

なぜか気がついたら独身だったという人は、実は相手に何を求めるべきか、正しく認識できていないことが多いのです。

自分が求める理想の相手と、等身大の自分にピッタリの理想の相手というのは誤差がないでしょうか?

相手に求めるものが多すぎるのかもしれません。もしくは、どんな相手を求めるべきなのかがわからないまま、いろんな人に出会っているのかもしれません。それでは、いつまで経ってもピンと来ないでしょう。

理想ばかり高くても、それに自分も合わせていかなければいけないことを考えてください。**相手の望むものを自分も与えられるようでなければ、関係は成立しない**のです。

何よりも、自分の本質にピッタリ合っている相手と一緒になることが大切です。**いくら共通点があっても、自分のクローンではないので、必ず発生する違いを乗り越える覚悟は必要です**が、本質的なところでズレが大きいと、それが原因でお互いの在り方を非難し、否定しあうようになってしまうことがあります。すると一緒にいること自体間違っていると考えるようになります。相手の生き方が、自分の生き方を証明してくれるような人を探しましょう。

魂的な結びつきを軸にして、生活習慣やものの考え方の違いを、工夫して融合させていけることに喜びを感じられる関係になれる相手を見つけてください。ここまで独りでのびのび自由にやってきてしまったのですから、**相手に合わせることを学ばないといけないことも、覚悟してください**。それが面倒くさいからと、一生独身でいる覚悟をする人もいますが、本当にこのまま独りでいいのか、よく考えてみましょう。

どんなに好きな相手でも、あまりにも自分とタイプが違って、合わせようとしても合わないことが重なって、その苦痛に耐えられなくなることもあります。

そういうストレスを抱えて生活していると、思考が鈍り、物事がうまくいかなくなって、それはすべて相手のせいだと思ってしまうものなのです。すると、別れさえすればすべて解決すると考えるようになります。


結婚したら相手に合わせるより、自己主張ばかりするようになる人もいます。

結婚前に相手に不満や不安があるとしたら、それが結婚後に消えることはまずないでしょう。結婚したら、その不満や不安は自分が対処して消していかないといけなくなります。結婚とは共存することですから、ぶつかり合う相手ではなくて、ぶつからないで済む相手がいいのです。相性がいいというのは、お互いに合わせやすいということです。

欠けているものを足しあっていけるような魂のパートナーを見つけてください

「立派な相手を求めすぎるばかりに一生独身」というケースもよくあります。また、異性にやたら厳しすぎて、納得できる相手が見つからない、それでずっと独身という人も多いのです。自分が優位でないと安心できないとか、すべてを与えられ優遇されないと安心できないとか。でも、王様、王子様、女王様、お姫様というのは、孤立するものだと思うのです。

これからすぐにでも結婚して子どもが欲しい人にとっては、「自分の子どもの父親として最高の人」というのが最も大切な条件だと思います。そこに自分の理想の多くがバランスよく含まれていると思うのです。

自分が想像するパーフェクトな人なんて、世の中には存在しないのです。ひとは誰でもどこかしら欠けているところがありますよね。それは、**誰かとお互いにフィットしあえるように、欠けているところがあるわけです**。そして、さらに相手に足りない部分を足していくのは、お互いの役目なのです。

恋愛がうまくいかないとか、誰かとつきあっても結婚まで至らないとか、という悩みをかかえる人は、大まかに2つの傾向が観られます。

ひとつは、相手に厳しすぎること。でなければ、相手に期待しなさすぎること。この両方を持ち合わせている人もいます。これは親との関係に大きく影響されていることが多く、親が立派すぎてもダメ親すぎても、人に厳しくなってしまうようです。

異性に対する怒りは、親に対する怒りだったりすることも多いようです。ずっと批判され続けてきた人は、自分も他の人を批判してしまいます。親をあてにできない環境で育った人が、自分が与えるばかりで、何も戻ってこないような関係を引きずってしまうケースもよくあります。

恋愛には、「自分をより完全にする」という目的があります。そして、「そのためにお互いに影響を与え合う」という役割があるのです。

自分の求める条件を見直して、「サバイバル婚」の条件リストみたいになっていないないか、気をつけてください。

条件が、自分本位になりすぎていないでしょうか。それが自分が結婚したときの、理想の力関係を表していることもあります。

一般的なのは、「自分の言うことを聞いてくれる人、自分を大切にしてくれる人、自分を優先してくれる人、好き勝手させてくれる人」。でも、冷静にみると、あまりにも自分を優先しすぎた要求ではないでしょうか。相手を愛するから、自然と相手を優先するようになるわけで、強要できるものではありません。

「自分についてきてくれる人、自分に合わせてくれる人」というのも、自分優位の力関係を求めているということで、この力関係が結婚を壊す原因にもなります。

魂婚の場合は、こういったことを求めなくても、自然とお互いにお互いを優先しようとするようになります。私の場合は、「独りで気楽に暮らしたいけど、独りでいたくない」、こんな矛盾した自分勝手なことを望んでいたところ、結局は気楽に暮らせる人と一緒になることで解決しました。

「このまま独りでいるのか？　自分は結婚できるのか？　子どもは産めるのか？」、

そんなことを心配するのが嫌だったので、それを「結婚しよう！　出産しよう！」という意欲に切り替えたのです。

魂的な出会いは、最終的には自然なご縁でつながっていくものですが、出会いたいと望むこと、出会いのある場所に自ら出かけて行くこと、さらに魂的な自分の片割れがどういう人なのかは、自分自身から割り出しておくこと、そういった「きっかけ」は自力で作っていかないといけません。

幸運だって努力しないとつかめないのです。努力してなかったけど、幸運が舞い込んできたという人の話を、自分に当てはめてはいけません。そこからは何も得られませんから。

惚れることができない人は、「ひとを愛せる自分」になることから始めましょう

「よく考えると、そこまで人に惚れたことがない」「これまで誰も好きになったことがないのに、結婚なんてできるのでしょうか？」……そうですよね、そう思いますよね。まずは「人を愛せる自分になりたい」と強く願うことからはじめましょう。

惚れ込むということは、自分以上に相手を好きになって、精神力も体力も、さらにはお金も時間も、相手のために使いたいと思うようになるものです。

精神的にも経済的にも体力的にも時間的にもギリギリで、自分のことで精一杯な状態だと、恋愛する気にもなれないどころか、自分ひとりの幸せさえも感じられなくなってしまいます。

これまで誰も好きになったことがないならば、まずは出会いに恵まれなかったとい

うことなので、どうして出会いのチャンスがないのか、考えてみてください。

自分に自信がないから、好きな人を作る気持ちになれないという人は、今の自分は何に満足していないのでしょう。仮の姿で生きているのでしょうか?

たとえ一瞬でも恋に落ちるなら、魂に響く何かがあるというサインだと思うのです。

素敵な人にどんどん会いにいきましょう。**憧れの人は、自分自身が取り入れたい魅力を持っているということですから、そのエネルギーはどんどん吸収するべきです。**

すると、ずっとしまい込んであった、恋愛のキャンドルを出してこようかな、という気にもなれるでしょう。そこに結婚相手には不相応な、想定外の年下の子が火をつけてくれたり、既婚者が火をつけてくれようとしたり、いろんなハプニングがあって、本当に自分に必要な人が観えてくるものなのです。でもそうやって、「こんなふうに誰かを好きになれるんだな」って思えるようになるのです。

自分が好きになる人からは好きになってもらえず、自分を好いてくれる人は避けてしまうという人もいます。

よくある話ですね。自分は好きなのに、相手は振り向いてくれない。こういう相手は魂のアイドルという存在に位置付けましょう。恋愛の炉に薪をくべてくれた恩人として、魂の棚にあげて祀っておくのがいいでしょう。

自分のことを好きになってくれない相手は、魂的なパートナーにはなりえません。こればっかりは強要できませんし、そういう相手がいつか自分を愛してくれるのを期待して待つなんていうのは時間の無駄です。自分はそういうタイプの人が好きなんだなぁ、というガイドラインにするだけで、人生のパートナーとして愛しあえる人と、アイドルみたいな人は別であるということを忘れないでください。

魂婚したいなら、結婚につながらない、負の追いかけっこをしている場合ではないのです。アイドル的な相手というのは、雰囲気とかイメージといった、表面的なものに強烈に惹かれる相手です。つきあってみたら、全然合わない可能性も大なのです。

どんなに素敵な人でも、自分のことを好きになってくれない人を追いかけるのは無駄なことです。魂的な片割れに出会ったら、最初からわかるものだと思います。逆に、どんなに惹かれあっても、「結婚はないな」と感じるなら、それも魂的なストレートな答えです。

別れた恋人のことを引きずるのも、半年とか1年以内に時間制限しましょう。

一般的にはつらいことを乗り越えるのに2年かかります。今の自分の目標は、自分のことを好きになってくれる人を見つけることだけです。ダメだった相手と比べる対象が必要で、いろんな人と比較して、もっといい相手はどんな人なのかを検討しましょう。

モテる人を好きになるというのは、要注意です。

その人の魅力に引き寄せられていることは確かですが、本当に惚れ込んでいるわけではなくて、その人を鑑賞して楽しんでいるだけかもしれないのです。モテる人は、人を魅了するコツを知っていますから、それに引っかかってしまうのは当然です。モテる人からは、一方的に相手を好きでいてあげること、それだけを求められることも多く、ファン的な関係以上になれないことが多いので気をつけましょう。

自分が安心して惚れ込める相手は、自分を必要としてくれて、自分を大切にしてくれる人です。どんなに素敵な人でも自分を必要としてくれない人は、追いかける意味がありません。自分以外にも、いくらでもその人を愛する人がいるのですから、その競争の中に入るのはやめましょう。そんなことをしている時間はないのです。

自分が通る道のすべてを、出会いの道に変えてしまいましょう

結婚したいなら相手を探す。**誰も自分を見つけに来てはくれません。**自分から積極的に相手を射止めにいきましょう。

自ら出会いの場に「出現」しなければ、見つけてはもらえないのです。

何がなんでも結婚するぞ！と決めたら、自宅周辺も職場も通勤経路も、すべては結婚相手に出会うためのものです。目的地に到着することばかり考えて、自分の足下を見つめてひたすら歩いていてはダメなのです。

職場、通勤経路、散歩やジョギングのコース、食事をする場所、趣味やキャリアアップのためのクラスなど、自分の好きな場所で出会いのきっかけを探して、いろいろな素敵な人に出会いましょう。

いくつになっても出会いのチャンスはあります。なのに、朝の早くから夜の遅くま

で働いてばかり。毎日残業している人に、どうやって出会えっていうのでしょう？　どんなに忙しくても、頑張って休憩時間や帰り道に、素敵な人が集まるお店にお食事に行ったりはできるのです。

自分が通る道はすべて婚活の道とイメージしましょう。どんなに疲れていても、会社と自宅の往復だけしていたら、出会いの可能性は広がっていきません。

出会いのためにお金を使いたくないなどと考えるのは後ろ向きです。お金のことを心配しすぎるから出会いがないということなのだと思います。

お金を使いたくなかったら、お金を稼ぎながら素敵な人に出会える場所で働くのはどうでしょう。サークルや習い事が出会いのきっかけになることもありますから、自分が興味を持てる「男女の交流の場」を探してみましょう。

ペットのワンちゃんがきっかけで出会って結婚されたカップルがいらっしゃいます。誰にもなつかなかった犬が、奥さんをすごく気に入ってくれたので、それで決めたとか。そういうこともあるのです。

「仕事に行く以外はどこにも出かけないんです」なんて言ってないで、どんどん出かけていきましょう。

今の勤め先にいる独身の人たちには全く興味がない、勤務先に独身の人はたくさんいるけれど接点がない、そうわかっているならば、勤め先以外で出会いを求めるのが正しいのです。勤務先にいる人たちとは全く違うタイプの人を求めていると考えて、違う業種の人を探してみましょう。

また、日本人と結婚したいのか、外国人と結婚したいのかも考えてください。国内外にちょっとした旅行に出かけるなどして、日常から離れた場所でないと、自分が望む相手がイメージできないこともあります。

今ある日常から離れたいと思っているとき、それが理由で同じ環境にいる人は相手にできなかったりすることもあります。または同じ職場で戦闘モードの同僚には恋愛感情が湧かないこともあります。そのほかにも、家族とばかり時間を過ごしていて、自分だけで遊びに行くことがない、自分を取り巻く環境に出会いがない、習い事に行っても同性しかいない、そんなことがわかっているなら、さっさとその逆の行動をしないといけないということですね。

私としては、自分の魅力が最大限に発揮できる場所で出会えるのが一番だと思っています。自分が仕事をしている姿に一番自信がもてるならば、働いている姿をお披露目できる機会を作れないでしょうか。ありのままの自分を表現できる場所はどこでしょうか？

出会いはエネルギーがすべてです。自分から声をかけられないなら、印象で表現すること

まず、黒い服を着るのはやめましょう。黒い服が大好きで、黒が自己表現の色だという人は、金や銀、または色のついた石などのアクセサリーで、黒以外のエネルギーも発信するようにしましょう。

黒や茶色は、自分ですべて完結している印象を与えます。自分だけでも安定している印象です。そして人がアプローチしやすいような柔らかな色や、華やかな色の服を着るようにしましょう。

出会いはエネルギーがすべてです。

美貌とか体型なんてものは、印象には残りますが、おつきあいするかどうかの決め手にはならないことが多いのです。それよりも、心地よいエネルギーを感じてもらえるかどうかが大切です。自分が着ているものが、自分らしくて心地良く、さらに人に

も好印象を与える役割をしてくれることが大切だと思います。

そして、本気で相手を探すなら、その意思を公表する勇気を持ちましょう。「私は結婚して子どもが欲しいので、誰か紹介してください！」と、すんなり言える自分になりましょう。何と思われるかなんて気にしないことです。

公表しても、誰も紹介してもらえない場合は、本当に思い当たる人がいないか、結婚相手として紹介しにくい相手だと思われているか、どちらかです。

後者の場合は、年齢が上過ぎる、家庭的でなさそう、人に厳しそう、自分勝手そう、お金なさそう……などと思われている可能性が高いです。

必ず魂婚の相手に出会えると信じて、心とエネルギーをオープンにして、愛情を表現するピンクのブレスレットなどを、自分の気持ちを表現するのに活用しましょう。

あきらめ半分のエネルギーを発していては、それが伝わってしまいますから、結婚する気満々のエネルギーを発信しましょう。「私と結婚したら幸せになれるよ～」というエネルギーを発していれば、必ずそれを感知してくれる人が出てくるはずです。にこやかに、前向きな自分でいるために、自分がハッピーでいることが大切ですね。

幸せにしてくれそうな人を探す前に、一緒に幸せになれそう！と思ってもらえる自分になりましょう

幸せな結婚ができるようになるためには、まずは自力で自分が幸せになることから始めましょう。

「もう独りでも十分に幸せだもん～」と、一生独りを決め込もうとしていた矢先、魂婚できたという人が多いのは、その人が本当に幸せだったからなのだと思います。そういう人には年齢も財力も関係ありません。

財力があっても結婚できない人は、「一緒にいてもつまらなそう」と思われるからかもしれません。「自分は話し下手だし、一緒にいても退屈かも」と自覚がある人は、自分のぶんも話しまくり、盛り上げてくれる相手、または自分と同じペースで、それを退屈だと感じない人を探しましょう。

結婚は、ルックスとかも関係なく、「一緒に幸せになれそう」なことが決め手だと、私は断言できます。

「この人と結婚したら幸せになれそうだな」「何があっても、この人となら乗り越えていけそうだな」と相手に思ってもらえることが大切です。最悪な気分でいる自分と結婚したいなんて言う人が出てきたら、何か下心がないか疑っていいと思います。

まずは自分がハッピーになること。

最悪な状況にいると、サバイバル・モードに切り替わってしまって、誰かに救い出してもらいたい気持ちになるものですが、そんなときほど、全く好みのタイプじゃないけど、仕事などの条件が揃った人が現れたりするものなのです。まさにサバイバル婚の相手です。

自分が最悪な状況のときは、全く好みでもないのに、話も合わない相手を目の前にして、「これって、この人と結婚するべきってことなのかな?」と思い込もうとしてしまうことがあるのです。

「チョット違うんだけど、確かに経済的に安定してる人だしな」と感じるなら、この

「チョット違う」という気持ちを尊重してください。でないと相手にも失礼です。「チョット違う」は後で「やっぱり違った！」という結果になりますから。

「仕事は先細りに感じるし、恋愛相手との出会いもない。**結婚も出産ももうダメなのかも」と絶望的に感じる人は、じつは恋愛や結婚を心配する前に、この先ずっと続けていける仕事は何なのかを探求する時期がきている**ということです。

仕事に対する不安は、誰にでもあることですから、それを理由に結婚に逃げようとするのはいけません。そんなのはすぐ相手にバレてしまいます。

結婚相手を探す前に、自分は何をしてでも自立してやっていけるという自信を持てるようになりましょう。

「それより、結婚して幸せになりたいんです！」とおっしゃる方は多いですが、今の世の中、誰も仕事を保証されていないようなものですから、「何があってもなんとかするさ」という芯の強さがないと、相手から結婚したいと思ってもらえないでしょう。

一緒にいるだけで魂が洗われるような気持ちにさせてくれる人となら、すぐにでも結婚したいと思いませんか？

自分の生活のクオリティーを高めることが、幸せな結婚につながっていくのです。美味しくて健康的な食事に気を使っていることも大切ですね。お金をいくらかけるかではなく、シンプルながらに丁寧、そんな幸せな毎日を生きるということです。

独りが長かった自分にとって、最高の相手とはどんな人でしょうか？

「この歳まで一人だったので、最高の相手を見つけたいのです。どうすれば見つかりますか？」というようなご相談を受けることがあります。この「最高の相手」という考えが問題ですね。何が最高なのか。ないものねだりはイケナイとわかっていても、やっぱりあれこれ要求してしまって、結局その条件に合う人が見つからなくなることも多いものです。

また**相手に要求するものが多いほど、自分に要求されるものも多くなる、**ということを忘れないでください。相手が要求するものを実は自分は持っていない……となると、相手にとっても魂の片割れ的なパートナーにはなりえないですよね。

自分が条件に振り回されていないか気をつけてください。

ずっと一人だった人が誰かと人生を共にする場合、相手に自分が生きるべき姿を見

出せる、そんな人が最高なのです。

自分にとって最高な相手とは、「自分のそのままを受け入れてくれる人」なのだと思います。ですから、他の条件はあってもなくてもいい、くらいに考えていたほうがいいでしょう。

自分に似た人というのは、人生で共通点が多い人で、育った環境、行動パターンや食事などの嗜好が似ていたり、これまでに共通の体験をしていたり。相手のことが、自分を観ているような感覚で、よーくわかる。そういう相手となら切っても切れない関係を育んでいきやすいと思います。

サバイバル的に、「どうせだったら自分より稼いでいる人がいい」「結婚する相手の収入が少なくて、自分の生活水準を下げるようなことはしたくない」という人も多いのですが、確かに経済的な責任感がある人とでないと、健全な結婚が成り立たないものです。

しかし「自分より持っているものが多くないとダメ」という発想からスタートして、魂婚の相手を見つけるのは難しいでしょう。自分よりお金持ちの相手と結婚したのに、遂に自分の財産を全部取られてしまった、というケースもたくさんあるのです。サバイバル的な発想は、自分をサバイバル婚に導きます。

これまで出会いがなかったのは、自分が悪いのではなく、自分を創り上げるので精一杯だったのかもしれません。

ありのままの自分にピッタリな相手がどういう人なのかもわからないまま、「出会いさえすれば、なんとかなる」なんて思っている人が多いですが、それではダメですし、ましてや魂婚がしたいなら、まずは自分のことがよくわかっていないといけません。**誰に会ってもピンと来ないのは、自分が何を求めているかが、わかっていないから**なのかもしれませんね。

自分にとって最高な相手とは、ここまで大切に守ってきた自分の魂にピタッと合う人で、安心して人生を共にできる人ですね。真面目で誠意のある人が何よりです。自分より何かを多く持っている人というイメージではなく、自分と共有できるものがあって、それを一緒に育てていける人とイメージするのがいいでしょう。

長年つきあった人と別れてしまった…。ここから幸せになるのは自分への責任です

とりあえずは身体も魂もお休みして、別れのプロセスで消耗したエネルギーを取り戻しましょう。

疲れ切ってしまって、新しい人に出会える自信が出てこないかもしれません。しかし、「もうこのまま独りでいいんだ」と考えないようにしましょう。今必要なのは休養することです。出会い運は、誰にでも、いくつからでも、生み出せるのです。それを遮断するのは自分だけです。40歳目前なので、1日も早く回復しましょう。新しい人が出てきたら、元気も出てきますから。

40代になって、自分が誰かはっきりしていることに自信を持ってください。自分を信じましょう。今からこそ魂婚が可能なんだと。長年つきあって別れた相手からは、それ以上望めるものはないのです。きっとこれまでにも限界を感じるようなことがあ

ったと思います。もっと前に別れられていたらよかったのかもしれませんが、長く引きずったのにも意味があったのでしょう。**二度と曖昧な関係を引きずらないことを学んだのでしょう。そしてここから時間を無駄にできないという、焦りを「やる気」に変換しましょう。**

これから新しい人と出会って、幸せな人生を創っていくのは、自分への責任です。きっと、「あの時あの人と別れてヨカッタ！」と思える人が出てくるはずです。

40歳だとか、これまで他の人に目を向けてこなかったとか、そんなことは気にしないで、これから新しい人にどんどん出会っていけばいいんだと思うようにしてください。40歳はまだ若いですよ！ 40代で出産する人はたくさんいらっしゃいます。

まずはお友達をたくさん増やすことから始めないといけないのかもしれません。長年同じ人とつきあっていたので、人間関係が限られていないでしょうか。

魂ごと生まれ変われるような出会いを求めて、新しいことにチャレンジするのもいいですね。自分と自分の魂は、さらに強くなっていくのみです。後退はできませんから——。

過去につきあっていた人のことは、過去の自分と共に卒業です

過去につきあっていた人からは、過去の自分と共に、卒業です。自分の中で美化されたイメージも、トラウマになっているイメージも、将来につながっていかないものは、「天のゴミ箱」に返上しましょう。

別れた相手のことを忘れられないのは、魂的なつながりを感じられる、新しい人と出会えていないからですね。

あの時こうしていたら、続いていたかもしれないとか、待っていたら、その人が戻ってきてくれるかもしれないとか考えるのは、自分だけ過去に取り残されているようなものです。相手は、今の自分にないものを求めて、未来に旅立ってしまったのです。自分も未来に向かって進みましょう。

長年つきあった人と結婚に至らず別れたケースを魂リーディングすると、片方または双方が最初から結婚するつもりがなかったように観えることが多いです。いつまで経っても、結婚に踏み切ろうという勢いがなくて、片方が結婚したいと意識した時は、もう片方は準備ができていなかったり。魂的にズレがあったのでしょう。

それでも同じ人と長く一緒にいると、情も移りますし、特に盛り上がりはなくても、普通に結婚生活をしていくには問題ないのではないかと思ってしまうのです。しかし、そこで魂的にブレーキがかかってしまうなら、「これじゃない」という魂の判断なのでしょう。

「あんなに長くつきあってきたのに、あっけなく終わってしまうなんて。次の人は最初から結婚の話ができる人じゃなきゃダメ！」と、決意できるようになりますので、それだけでも前の恋愛にエネルギーを費やした価値はあります。

意外にもそうやって別れた相手が、経済力のある人とあっけなく結婚してしまったり、若い子と結婚してしまったりしたら、基本的にサバイバル婚のコンセプトしかなかった人なんだなって、あきらめましょう。魂的に満たしあえる関係でなかったのでしょうから、その人と結婚しなくて、よかったのです。

魂でつながっていても、一緒になれない関係があります

ものすごく年下の人または、ものすごく年上の人を好きになってしまうけれど、年齢差が気になって、その不安をどうしたらいいかわからない、そんなご相談をいただくことがあります。

世の中に魂的につながれる相手は1人だけではなく複数いるはずで、魂友だったり、魂の親分だったり、様々な関係として存在します。でも魂婚できる相手は限られてきます。

年齢差で問題になってくるのは、人生のステージが違うことです。

たとえば、すごい年下の人ばかり好きになってしまうのは、こればっかりは、好みなので仕方ありません。前世で長生きできなかったから、いつまでも魂が若いままで、若い世代の人にばかり愛着を感じてしまうこともあると、私は考えるのですが、魂的に相性が良くても、年齢的な人生のステージが違いすぎて、結婚にはつながらない関

係もよくあります。

最初はうまくいっていた年下の相手が、ある日突然、別れを言ってくるのは、他の人や環境から吸収したいものが出てきたからなのでしょう。相手はまだ自分を確立するために、どんどん変わっていっている最中なのです。それに、年下の人は自分が何かを吸収するために、「とりあえず、つきあってみる」という考えであることが多いと思うのです。将来どうするかなんて、自分だってどうなるか、わかっていないわけですから、それを無理やり結婚に持っていくのは不安です。

こちらが頑張って好条件を並べて結婚に引っ張っても、「やっぱり嫌になった」と言いかねません。

また、つきあっている相手がすごく年上で、これから一緒に子どもを持っても、長生きして育ててくれるかとか、病気になって自分が看病しなくちゃいけなくなるんじゃないかと心配、というご相談をいただくことがありますが、病気は年齢に関係なく、いつ襲われるかわからないものです。すごく年上の相手の寿命が気になるのは、そこまで一緒にいたくないからなのでしょう。

すごく年の離れた相手に対する不安の原因は、相手が若すぎても、年上すぎても、経済的な不安であることも多いです。この不安は自分自身が経済的に自信をもてないと消えません。年上の相手に経済的に助けてもらっているけれど、子どもを持ったり、将来その人の面倒を見るのは嫌と感じる、といった人も多いのですが、これは魂的にもサバイバル的にも年上の人に援助してもらって、自分に欠けていたものを吸収できたら、その関係から卒業して、さらに理想の自分の人生を求めるようになることが、わかっているからでしょう。

すごく年の離れた関係は、人生で体験したことが似ていたり、目標や志が同じで、魂アイデンティティーが一致するとき、うまくいくのだと思います。それでも人生のステージが違って、一緒にサバイバルしていけない関係もよくあるのです。またはサバイバルするためだけの関係に留まってしまうことも多いものです。魂婚を決意すると、どんな状況にいても結婚したいと思うものなので、年齢差が気になって、その将来のことが心配で足踏みするときは、ブレーキがかかっているということなのでしょう。今のままの自分ではそれ以上は進まないほうがいいのかもしれません。

いろんな人を好きになってしまうのは、もうしばらく独りでいるというサインです

人が大好きで、出会う人みんな大好きになるのは、とってもいいことだと思うのです。素敵な出会いは、魂の同志や、魂の親分、魂の恋人、魂のアイドル、など、魂の出会いだと位置付けると、出会う人と片っ端から恋に落ちても、深入りすることなく、素敵な関係を築いていけると思うのですが。

これが魂的関係でなくて、サバイバル的関係だと、利害関係が出てきたり、どうしても肉体関係を求めるようになって、ややこしくなるのです。

いろんな人を好きになってしまって、ひとりの人に絞れないときは、出会ったどの人も、自分の魂の片割れとして何か足りないのでしょう。ですから、ひとりに絞れないなら、絞る時期ではないと理解して、もうしばらくひとりでいてください。

「何か足りない」というのは、魂の本音です。その足りないところに自分がピタッと

収まる感じがしないのでしょう。しかし中には、誰に会っても満足しない人もいるのです。

いろんな人と恋に落ちるのが好きな人。こういう人は、結婚に向かないでしょうね。たくさんの人を好きになって、その中でも一番勢いよく結婚まで到達できる相手が出てくることがあっても、結婚してからも、やっぱり恋心を燃やしたくなってしまう。そういう人は結婚しなくてもいいのではないかと思うのです。魂的に一生ひとりで自由を貫くのが、今世の目的なのでしょう。なんで落ち着けないのか、そんなに悩まなくてもいいと思います。

ナルシストで自分が好きすぎる人や、逆に自分を好きになれない人も、自分の魂の片割れとしてピタッとくる相手がなかなか決まらないことがあります。

いろんな人との関係から学んで、自分の原型を整理しないといけないのかもしれませんね。

結婚したい人と結婚願望のない人とは、人生の違うステージにいます。追いかけないこと

結婚を前提に出会いを求めているのに、結婚する気のない人や、今すぐ結婚しなくてもいいと思っている人にばかり出会ってしまうのは、出会いの場を間違っているのかもしれませんね。まずは、すぐにでも結婚する心構えのない人は、自分にとって時間の無駄、徹底的に避けるつもりでいてください。

「いい人だから、そのうち変わってくれないかな」なんてことは期待しないほうがいいでしょう。相手は結婚することそのものに抵抗があるのかもしれませんから。

他にも、家系に見合う条件が揃っているか、年齢は適当か、そういったサバイバルの条件で、判断されているのだとしたら、魂婚にはつながりませんし。

「結婚する気はないけど、つきあいたい」という人はたくさんいます。

だいたい、結婚に至るつきあいというのは、最初から魂的なつながりを強く感じて、

どちらともなく結婚を意識するようになるものです。どんなに好きになった相手でも、その人に結婚する意思がなければ、結婚を強いることはできないでしょう。

結婚というシステムそのものに反対で、結婚しないでパートナーとして生涯を共にすることを望む人もいます。どんなに好きでも、相性が良くても、結婚はできないと言われてしまったら、結婚という形式を取るか、相手を取るかという選択になりますが、自分が結婚したいのなら、やはり結婚願望のある他の人を探しましょう。結婚しないと言い張るその相手は、「自分の好みのタイプ」として「魂ファイル」に入れてしまいましょう。

年齢が若すぎて、自分の人生をどう生きたいかもわかっていない人や、自分のことで精一杯な人、離婚したばかりで再婚はまだ考えられないという人、離婚したいけれど、実際にはまだこれから手続きしなければいけない人など……。こういう人たちは、**今の自分とは違う人生のステージにいると考えてください。**

結婚観が違うということは、魂の片割れとして、大きなパーツが欠けているということ。結婚したいなら、自分と同じくらい結婚したいと思っている人を探しましょう。

相手を信用できなくて、つい振り回してしまう…それは自分で関係を破壊しようとしているのです

誠意を尽くして、おつきあいしてくれている相手をどうしても信用できなくて、振り回したり傷つけるようなことを言ってしまう。そんな自分に気がついたら、自分はその関係を破壊しようとしていると考えてください。

過去の恋愛や結婚で傷ついたりして、人を信用できなくなる経験があっても、それは自分自身の問題です。

相手が、どうしても疑うような行動をとるのであれば、自分は過去のトラウマがあるので、疑わしいことには過剰に反応してしまうのだと伝えましょう。

そして自分の信頼関係に対する自信のなさを克服しないと、誰とつきあっても問題が出てきます。よくある例が、相手を信用できなくて、別れ話を切り出してしまう。相手がそこで真剣になって態度を改めてくれるようになるんじゃないかとか、追いかけてきてくれるんじゃないか、そういう期待があってのことなのですが、でもそれを

やると、その関係が終わってしまうことが多いです。

相手を信用できなくて、振り回して終わらせてしまったほうがスッキリするのではないか、と思うのなら、わざわざ振り回さずに、さっさと別れてしまってください。一人になるのが嫌だとか、次の人が見つからないかも、という不安で、その相手とつながっていても、信頼関係の溝は深まるばかりです。疑われてばかりいると、相手も逃げたくなってくるでしょうから。とにかく魂的な一体感がないということです。

相手を信用できない理由をストレートに伝えられるようになるのが、今の自分への課題です。それで壊れるような関係にしがみつくのは、自分の将来への可能性を閉ざしてしまっているということです。今のあなたが、これからの人生を浄化しながら生きるために、本当に出会わなければいけない相手は、裏も表もなく嘘が嫌いで、シンプルで正直な人です。信頼しあえることが、どういうことなのか、実感させてくれる、いつもポジティブで陰のない人ですね。複雑な人はどんなに魅力的でも、その魂の片割れとしてフィットできないということでしょう。

Column

恋愛のタイムリミットについて

新しい恋愛関係が始まってから、その関係が熟して、結婚へとつながっていく経過には、「タイムリミット」があるような感じがするのです。

魂リーディングをしていると、なかなか発展しない関係は、「この頃までに発展しなかったら終わりそうなので、それまでは様子をみましょう」といったアドバイスをさせていただきます。

この終わるというのは、相手の気持ちも、自分の気持ちも、冷めてしまうという感じです。目安としては、2日、2週間、2ケ月、2年、そんな感じで、その関係が成長していくかどうかみるといいでしょう。2日以上連絡が取れない、2週間以上会えない、2ケ月連絡が来ていない、などというのは、あまり相手に期待できないという意味にとらえていいでしょう。

なかなか会えなくても続いていく関係というのはありますが、基本的に、本当に好きなら毎日のように連絡を取り合おうとするものです。そうでない場合は、距離を置かれている状態です。「それでもつながっていたい」という一心で、2ヶ月に1回くらいしか連絡も取れないし、会うこともできないような相手と恋愛関係を続けようとするのであれば、ステディーな安定した関係ではなくて、アフェアーといった冒険的な関係で、将来性は未知なことを覚悟したうえでのぞみましょう。

終わってから時間が経ってしまった関係を追いかけるのは、私的にはお勧めしません。恋愛も人生同様、前進するべきだと思うのです。中には何年も前に終わっているのに、また新鮮な息吹を吹き返して蘇る関係もありますが、これは何か特別な魂のつながりがあるからでしょう。「一緒にいるのが自然」な関係、時間の流れを感じさせない関係が一番ですね。

2

「魂のパートナー」の章

その人との関係を修正し、本当の愛を育てましょう

結婚生活と魂アイデンティティーにズレが出ていませんか？

望んだ人と結婚できて、現状に満足しているのに、「でもこれだけ？」「この生活が続いていくだけ？」などと感じるならば、魂が「何か足りない」「使命が果たせていない」「もっと他にもやるべきことがあるはず」と訴えているのでしょう。自分の人生の中で、とりあえず幸せな結婚をするという目的は果たせたわけですから、この結婚生活を基盤にして、そこからさらに魂的に満たされるように、自分の目標に向かっていけばいいのです。

もっと何かが欲しいと感じるとき、例えばそれは、もっと経済的に自由になって、さらに豊かなライフスタイルにしたいとか、もっと大きな家に住みたいとか、違う環境で暮らしたいとか、極めてサバイバル的なことかもしれません。

結婚できて良かったけれど、もともと自分の思い描いていたイメージとは違っていたとか、結婚したら、そこからさらに欲が出てきて、「もっと豊かになりたい、自分の人生こんなもんじゃまだ納得いかない」と感じるなら、それをバネに頑張りましょう。

結婚後の物足りなさは、結婚相手に埋めてもらえるものではありません。相手に望んでばかりいると、「物足りなく感じるのは、相手に何か足りないからではないか」と考えるようになって、それが原因で離婚になることもあるのです。

こういった物足りなさは、魂のアイデンティティーの物足りなさなのです。結婚相手が与えてくれる自分の価値だけでは物足りないのでしょう。結婚しただけでは自分を完成させられない、子どもを持って、社会貢献をして、お金を稼いで、もっともっと自分の可能性を追求していきたいというのであれば、それは素晴らしいことだと思います。ですから、物足りなさは自分が満たしていくと考えましょう。

既婚者の女性には、専業主婦というアイデンティティーだけで大満足な人と、主婦とはまた別の自分の魂のアイデンティティーが必要な人がいます。

結婚して仕事を辞めてしまってから、仕事で評価されることがなくなり、わからないことだらけの子育てに追われて、すっかり自信を失ってしまう人もいます。

主婦をしながらも、できる範囲内で自分の夢を追い続けたり、社会貢献のために活動したり、無理をしないで仕事に復帰するなどして、魂のアイデンティティーを取り戻すようにしましょう。

仕事で経済的な自由と魂のアイデンティティーを支えることが、自分にとっての基盤として重要だとわかっている人は、結婚してからも仕事を続けてください。仕事を辞めると物足りなくなりそうだと思うなら、それはその通りなのです。

結婚してからも、自分の人生へのチャレンジは続きます。

結婚は、相手と一緒に家族として成長していくためのものです。

魂の結婚とは、魂を重ね合わせるように生活しながら、お互いの一部になっていく、そんな関係を可能にすると思うのです。日常の決め事はテレパシーでやりとりできるようになるでしょう。長年連れ添った夫婦が、「あうん」の呼吸でコミュニケーションが取れるのは、そういうことなのです。結婚してからも、さらに自分の夢を叶えるために頑張ろうとするとき、そんなパートナーがいることは、最強の支えになるでしょう。

結婚しているのに恋愛…は本当に悪いことでしょうか？

結婚したからといって、素敵な人との出会いを遮断してしまうのは不自然ですし、素敵な人にいいインスピレーションをもらえるのは、いいことだと思うのですが、これが恋愛となってしまうと、自分の結婚相手を傷つけてしまいますよね。これは悪いことです。

ですから、素敵な人に出会ったら、魂のアイドルとか魂の恋人として、距離を置かなければいけません。それができない人は、結婚に向いていないと考えていいのではないでしょうか。

「家族は愛しているけれど、好きな人ができてしまった。不倫するほどの覚悟はないけれど、この気持ちをどうしたらいいのでしょうか？」といったケースは、**憧れの相手との魂の関係を守って、いつまでも相手を純粋に好きでいられるのが幸せ**なのだと思います。あなたのパートナーがそれに嫉妬するようだと困るのですが。

「あの人、素敵だよね〜」とパートナーと合意できるような関係でいられるのが、私の理想です。

「そんなのありえない、自分以外の異性は見るのも厳禁」というパートナーを持ってしまったら、これは問題です。そんなに世の中の異性を敵対視するパートナーは、「嫉妬」「独占欲」「コンプレックス」が必要以上にあるのでしょうから、それを浄化しないと、一緒にいるあなたに八つ当たりがきますね。それでドメスティック・バイオレンスに至ることもありますから。

よく、素敵な俳優さんを例に挙げて、「もし○○さんが、付き合いたいって言ったら、自分と別れる？」なんて質問をして、相手を困らせる人がいますが、そんな話はまずありえないのですから、無意味な質問です。

「そんなこと、絶対にありえないから、想像もつかない。本当にそういうことが起こってから考える」と答えておきましょう。でもその素敵な俳優さんを好きでいるのは、健全なことだと思うのです。

既婚者同士の不倫。関係を続けるか、別れるか、ここで決まります

既婚者同士の不倫は、続けるつもりがなくて始まるケースが多いという印象があります。いつか別れようと思っていたところを、伴侶に見つかってしまって、そこから離婚話へと発展してしまう。そこまで来て初めて、本当にその不倫の相手と一緒にいたかったのか、真相を突き止めなければいけなくなって、よく考えるとそうでもなかった、なんて結論になることもあります。

結婚生活が長くなると、恋愛特有の新鮮なエネルギーはなくなり、お互いを大切にしあうことを忘れてしまったり、お互いを当てにしすぎて感謝の気持ちを伝えなくなったりで、家庭内での自分の存在感がなくなることがあります。

そんなとき、**自分の存在を確かめるために恋愛に走る衝動が生まれる**ことがあります。誰かに大切にされたいのでしょう。ここで、伴侶と別れるかどうかは、家庭でど

れだけ自分の価値を認められて、大事にしてもらえるか、そういうところで決まってくるように感じます。

別に自分がいなくても、やっていけるだろうと感じるなら、家庭を捨てて不倫相手と一緒になろうと思うでしょう。

家庭は自分の魂のアイデンティティーの大切な基盤です。これが自分の理想とズレていると、そこに戻りたくなってしまいます。結婚生活の中で、お互いの価値観を大切にして、尊敬しあえなくなると、そこにはいたくなくなると思うのです。

結婚生活の中で、自分が認められていないとか、感謝されていないと感じる人、結婚相手にいちいち小さいことから大きなことまで批判されたり、バカにされたりすることから解放されたくて、不倫をする人もいます。

育児放棄してまで恋愛に走る人は、自分が誰であるかを確かめたいとか、結婚する前の自分を取り戻したいとか、自分の新しい可能性に挑戦したいとか、今ある結婚生活に自分の居場所を見つけられなくて、恋愛に逃げ場所を求めてしまうのでしょう。

いったん子どもを持ったら、最優先させるべき魂のアイデンティティーは、親である

ことであり、魂が帰依する場所は子どもであるべきだと思うのですが、それができないのは、自分が自分に納得していないのでしょう。そういう人の恋愛は、刹那的で将来性がないことが多いです。**自分という土台もなく、魂がさ迷っている状態なので、恋愛相手との関係も、安定しないことが多い**と思うのです。

経済的安定を手放したくないとか、子どもとの関係を壊したくなくて、家庭に戻っていくことを選ぶ人もいます。これは魂は孤立したまま、サバイバル婚を選ぶということです。離婚したくてもできない夫婦は、お金が原因であることがほとんどです。なので魂的に修復できないまま、子ども達が成長するのを待って、熟年離婚をすることになるケースが多いです。

魂的なズレを感じたままの結婚、自分の魂のアイデンティティーとは言えない結婚は、いつか終わらせたくなる結婚なのだと思います。

「別れたい」と思い始めたら、それは、たいてい魂の声です

別れたいと感じるときは、基本的には魂の声だと考えていいと思います。

「本当は別れたくないのに、別れたいと思ってしまう」というのは、「本当に別れたいけれど、現実的には別れる準備ができていない」ということです。

これは、次の人が見つかっていない、ひとりになる覚悟ができていない、別れると経済的に困ってしまう、家族を犠牲にしてしまうので、簡単に別れられない、そういったサバイバル的な不都合があるのでしょう。

「本当は仲良くやっていきたいのに、なぜか別れ話になってしまう」のは、何度やり直してもダメだろうと感じるからでしょう。つきあい始めた時点から期待できないとわかっていたことを、問題視するようになったのでしょうか？　それとも、もともとは合わせる努力をしていたのに、それができなくなってきたのでしょうか？

仲良くしたいのに結局ケンカしてしまう人は、いつも同じ問題でぶつかっていないでしょうか。**どうしても本人が改善できないなら、環境を変えるなどして、問題が発生する根拠を浄化してしまうことは、できないでしょうか。**

「お金にルーズ」「適当なその場しのぎの言い訳や嘘をつく」「人間関係が悪い」「元カノと切れない」「自分中心」「コントロール魔」「嫉妬深い」「感謝しない」「バカにされている感じがする」「怒りっぽい」「食生活が合わない」「優柔不断」「頼りがいがない」など、相手がどうしても改善できない部分を、どうやって受け入れますか。

お金の管理は自分がする。その場しのぎの言葉は信用しないし、その場で指摘する。悪い人とはつきあわないようにさせて、いい友達を紹介する。元カノにはメールで連絡しないように通告する。いつも自分中心の相手の発想の先を読んで、お互いにとっていい方法を選んであげる。コントロールされないようにする。嫉妬は無視して、悪態をつかれたら、それは嫉妬だと指摘する。下に見られたり、感謝されなかったり、バカにされている感じがしたら、その場でそれを指摘する。怒りっぽいのは性格なので、ひとりで勝手に怒らせておく。お互いに好きなものを食べることにする。相手の優柔不断さや頼りがいのなさは、自分がしっかりすることで克服する。

これだけやって、それでもケンカになるなら、もうできることがないかも？　と納得できるんじゃないでしょうか。でもこれだけできたら、自分は魂的にすごく成長できますよね。

相手との関係の中で、自分の魂が蝕まれていると感じるときは、その場に一緒にいるだけで息もできなくなるほど、苦しくなるものだと思います。そういう場合は、とにかく離れなければ、肉体的にも蝕まれてしまうでしょう。

子どものことを考えると、すぐに別れられないという場合は、子どもにとって一番いいタイミングが来るのを待って別れられるように、計画してください。

別れるといっても、別れた後、自分がどうしたいのかが決まっていないと、決心がつかないものなので、別れたいという気持ちに気がついたら、その理由は何で、別れた後の人生に何を求めるのか、具体的に自分の中でイメージできるようにしましょう。そして経済的にも、ひとりでやっていけるように準備をしましょう。

離婚すべき時、離婚してはいけない時があります

「結婚生活が不和なまま何年もきています。子どもがまだ小さいので、離婚をするのは心苦しいし、でもこのまま夫婦としてやっていける気持ちになれません。それに親を心配させたくありません。どうしたらいいでしょうか」

こんな相談を受けることがあります。

結婚生活が不和なままという場合、ほとんどが経済的につながっているからとか、子どもを傷つけたくないからという理由です。なので、その関係が修復できるケースは少ないようです。

修復できる場合は、離婚した後の暮らしやダメージを考えて怖くなり、離婚する勇気がなくなったときです。または、どちらかが体を壊して看病してもらう必要が出てくるなど、何か困った状況が起きたときです。弱気になってやっと、今の結婚生活に

感謝できるようになる……そんな感じがします。

しかし、そもそも離婚を考えるようになることや、離婚したいという気持ちは、ほとんどが本音で、結婚生活に自分の魂が蝕まれている証拠ですね。

いったん家庭を持ってしまうと、離婚するといっても本人同士の問題ではなくなってきます。どんなに「さっさと別れたい」と思っても、離婚は子どもや実家の親など、自分に関わる周りの人にも影響しますので、みんなにとって一番ダメージが少ないタイミングと方法を選べるのがいいでしょう。

離婚そのものが痛手の大きいイベントとなりますから、ダメージは少なくできた方がいいと思うのです。

私の長年のリーディングの経験から、結婚生活が不和なまま何年もきている関係は、魂的につながることなく、いつか別れるつもりで、とりあえず今は一緒にいる状態。別れるのを先延ばしにしているだけだと思います。

親を心配させたくないから別れられない、という人もいますが、親が心配する理由は、経済的なことや子育ての面で助けられるか不安、そういったことだと思います。

ですから、自分がしっかりしていれば大丈夫です。そういう心配がないなら、一緒に幸せになれない相手と我慢して一緒にいないで、さっさと別れたほうがいいと、親御さんが喜んで手助けしてくださるでしょう。離婚後の苦労を考えて、大変だから我慢しなさいと言われても、それは常識としては正論なので、本当にどうしたいか、苦労を覚悟で別れたいかは、自分で決めることです。

魂的な価値を尊重すると、満たされない結婚生活を親のために我慢するのは間違っていますし、経済的な理由だけで我慢するようでは、自分は成長できません。自分らしく生きることも難しくなってきます。

その結婚が自分の魂のアイデンティティーにならないなら、今ある家庭が魂の安住の場所でないなら、本当はその関係を解消して、本来の自分を取り戻して、さらに魂のパートナーと出会えるように行動するべきなのです。

実際、離婚を前提に同居を続ける人もいますし、離婚してからも経済的な理由で同居を続ける人はいらっしゃいます。特に物価の高い都会では、そうするしかないこともあるのでしょう。それを負い目に感じる必要はありません。まずは魂的に自由になることが大切なのですから。

間違いに気づいただけでも大進歩です。生活環境をすぐに変えられなくても、精神的に、魂的に解放されて、未来に向かって進んでいけるようになりましょう。

その際、相手と一切口をきかないとか、家の中で鉢合わせしないようにとか、変に気を使っていると、さらに魂がすり減ってしまいますから、ルームメイトになったと割り切って、堂々としていましょう。とにかく1日も早く自立するという、大きな目標が新しくできたのですから、前向きでいましょう。

年齢がいってから離婚すると、もうパートナーが見つからなくなるのではないかとか、その後一生独りになってしまうかもしれないとか、そんな心配をする人が多いですが、**自分が幸せに生きていれば、必ず新しい出会いに恵まれます。**自分と同じように、本当の魂の片割れを求めて、人生をやり直そうとしている人がこの世のどこかにいると、イメージして下さい。

子どもがいる離婚で気をつけなければいけないこと

いったん子どもを持ったら、自分に何が起こっても、子どもの生活はいつも通り、本来あるべき流れを保っていられるようにしてあげるのが、親の責任だと私は考えるのですが、親が離婚騒動を起こすと、どうしても子どもを巻き込んでしまうことになります。

どんなに不満があっても、子どもを放ったらかして本当の魂の出会いを探そうとするのは、反魂的なことです。

子どもがこの世に生を受けたのは、親あってのことですもの。どんな親も命ある限り、我が子の幸せと魂を守ることを最優先にする責任があると思います。

それもしないで、自分の魂を満たそうというのは、サバイバルのために、逃げ場を探して放浪するようなものです。魂が満たされた生き方をしていれば、間違ったことはしたくなくなると思うのです。

いったん親になったら、子どもが独立するまでは、子どもは自分の一部です。たとえ離婚を決意して、新しいパートナーを探す覚悟をしたとしても、魂婚の相手は自分と子どもとセットで愛してくれる人でないとダメでしょう。

ありがちな間違いは、親である自分を受け入れ、敬意を示してくれる人ではなくて、まるで独身に戻ったかのような気持ちにさせてくれる人を探そうとして、子どもからどんどん離れていってしまうことです。

自分の人生を置き去りにした自分を受け入れてくれる相手は、自分の抱えている問題になんか関心がなく、責任も問わない人でしょう。**自分と同じくらい自己中心的な人が、自分を受け入れてくれるのです。**

子どもに紹介する気になれない相手は、何か欠けているということですから、恋人以上の関係には発展しない可能性が高いと思っていいでしょう。その人は魂の片割れとは言えません。魂の片割れのようなパートナーが現れたら、子ども達もすぐにわかってくれるはずです。子どもだって親に幸せになってもらいたいのですから。

どんなに憎しみあって別れた相手との間に生まれた子どもでも、**子どもは両親の人生の陰に入ってしまうべきではないのです**。子どもの代で親の悪いところを浄化してもらえるように育てることで、結婚生活が破局した傷を癒せるのではないかと思います。または、親の悪い影響を避けるために、離婚するのかもしれません。

どちらにせよ、**離婚に至る相手を選んでしまった自分は、次の相手を選ぶ前に、まずは自分を浄化しないといけない**わけです。

自分の結婚観や恋愛観、相手を選ぶときのポイントなど、すべて洗いざらい見直さないと、間違いだらけだったということですから、本当はどういう人と一緒になるべきなのか、全くわかっていないのかもしれません。現実逃避で恋愛に走るのは時間の無駄です。そういう自分からは逃避できませんから。

親になるということは、出産することではなく幸せな人間を育成することです

子どもが欲しいのになかなかできない。年齢的にそろそろ限界かと悩みながらも、妊娠に挑む。これは旦那さまが支えてくれていても孤独な闘いです。

まずは自分が信じること。赤ちゃんが欲しいというより、赤ちゃんをつくろう！と決めましょう。そして赤ちゃんを授かるための、健康的な生活習慣を最優先するライフスタイルを守り、排卵期をしっかり推測して、赤ちゃんの魂に来てもらえるように、お祈りしましょう。

やれることをすべてやって、それでも赤ちゃんを授からなかったら、これも天から与えられた使命だと思うべきだと、私自身はそんなふうに考えるようにしていました。妊娠できなかったと確認するたびに、流産するたびに、精神的にも肉体的にも落ち込んでしまうのは、「肉体」のせいです。**魂だけは希望の光で満たしましょう。この希**

望の光に赤ちゃんの魂が来てくれる感じでイメージしましょう。

私は40歳で1人目、43歳で2人目を、1人目は緊急帝王切開、2人目はその流れで計画帝王切開で出産したのですが、2人目出産直後に担当医が、「もう1人産めるわよ～」と、あっけらかんと言ってくれたので驚きました。「え～！　この歳で、帝王切開3回できるんですか？」と聞いたら、「もちろん!!」とおっしゃいました。逆に「できるもんなら、やってみなさいよ～」ってことかと思ったくらいです。

自力で妊娠できなくても、体外受精や代理出産など、血縁のある子どもを授かる可能性があります。自分の肉体の限界は、自分が決めるものではなくて、先祖からいただいているものですから、自分を責めたりしないでください。

自分はその肉体に宿る魂なのです。その肉体には必ず限界がありますから、それに合わせて工夫をするのが自分の役目であり、できることです。

莫大な費用をかけてでも子どもが欲しいでしょうか。これも自分次第です。そして養子や里子を育てさせてもらうことで、親にならせてもらう、そういう方法もあります。**親になれる幸せは、どんな方法をとっても同じ**だと思います。

親になるというのは、出産することではなく、幸せな人間を育成するということだと思います。

20代、30代の頃に出産しなかった自分の選択は、明らかにその頃の自分は、親になる準備ができていなかった、ということなので、その選択は間違っていなかったはずです。

肉体的に妊娠が不可能とわかっているのでなければ、食生活や生活環境を改善することで、妊娠しやすい体内環境を整えることができると信じて、毎日を丁寧に生きてみましょう。そして、自分の子どもを授かっても授からなくても、それによって自分の生活が改善されていることに感謝して、子どもが欲しいと思えるようになった、自分の成長に感謝してください。

魂的にも、親という役目を自ら望めるようになったということです。その親という役目をどういう方法で果たせるのか、考えましょう。

自分の子どもを一人育てるのも大変ですが、世の中には親が必要な子どもたちがたくさんいます。**魂の親として、自分に何ができるでしょうか。**世の中の大人が、世の中の子どもたちをみんな我が子のように思いやることができたら、この世の中はもっと人類に優しくなれると思うのです。

子どもがいない人生には、時間の自由があります。そして行動の自由もあります。その自由を使って、自分は何ができるのでしょうか。子どもがいないからできることが、たくさんありますよね。

自分の子どもがいると、我が子を育てるだけで精一杯になってしまいますが、「子どもがいないから、徹底的に自由に生きよう」と決めたら、その自由な時間を、自分以外の誰かのお役に立つために使えます。そういう幸せもあると思うのです。

肉体関係が苦手な人は、スキンシップに対するネガティブなイメージを浄化しましょう

30代半ばになって、今まで誰ともつきあったことがないし、肉体関係を持ったことがないので、これから新たに誰かとつき合う自信がないという方は、結構めずらしくなかったりします。

そういう人が、「このまま一人でいたくない」と感じ始めたら、**誰かを受け入れる覚悟ができているというサイン**ですから、それに素直に行動すればいいと思うのです。スキンシップは本能的なものですから、あくまでも自然に発生するべきです。こうしなきゃいけない、というのはないものと思います。

肉体関係を持つことに、ネガティブになる理由があるとしたら、まずは、それを乗り越えるのが課題ですね。

まずは、スキンシップに対するネガティブなイメージを浄化するために、性欲だけ

を満たすために蔓延している情報を避けてください。

たとえば、赤ちゃんを抱っこしたときに、スリスリと頬をすり寄せたくなったり、ぎゅっと抱きしめたくなったり、キスしたくなったりする衝動が自然に出てきますが、大人同士のスキンシップも、基本はそういうものなのだと思います。

自然に純粋に、一緒にいたいと感じられる相手と出会うために行動してください。

いつもベタベタしていたいかそうでないかは、その人の性格も影響しますが、スキンシップはお互いのエネルギーを感じ合うことだという点にフォーカスすれば、肉体を通り越して、魂で触れ合っていられるような感じがするでしょう。

結婚生活が長くなって、いつからかスキンシップがなくなってしまった、というご夫婦は、せめて肩や手のマッサージをするとか、手をつなぐように心がけましょう。

魂的な観点からすると、スキンシップが必要かどうかというよりも、スキンシップを避けるような関係になってしまうのは、何か問題があるからです。

結婚生活には些細《ささい》な夫婦ゲンカがつきものだと思うのですが、それでお互いを攻撃しあっていては、スキンシップどころではなくなってしまうわけで、そういう日常でぶつかり続けることを避けないと、魂的な絆も壊しかねないと思うのです。

結婚生活もいつもメンテナンスが必要です。出会った頃の新鮮なエネルギーに代わる何かを得るために、２人で出かけたりするのもいいことでしょう。

パートナーの健康管理を引き受けるのも、自分の使命になります

自分がとても食事に気をつけていても、パートナーが非協力的ということはよくあります。

自分がより健康的だと思う食生活を相手にも強要したくなる気持ちはわかりますが、食生活を改善していくのも、過程を大切にしないと、本当の習慣にはなっていきません。

いきなり新しい食生活を押し付けると、相手はかえって逃げたくなってしまうでしょう。実際のところ、たとえば完全な無農薬野菜で菜食主義を通したとしても、癌などの病気にならないという保証はありません。

私たちにできることは、病気の原因になる食生活を避けることです。パートナーが加工食品やジャンクフードばかり食べていたりしたら、タバコをやめさせるように、ステップを踏んで、より健康的な選択を、自分でできるよう助けてあげてください。

魂的に健康的な食べ物を選びたいと思えるようになってもらいましょう。

まずは自分が健康的な選択を徹底して、お手本を示してあげると、ジャンクフード大好きな相手でも、あなたと一緒に健康的な食事をしていれば、少しずつでも健康的な選択ができるようになります。

体は本来、健康的なものが好きですから、ジャンクフードとヘルシーフードを交互に食べているうちに、やはりヘルシーなもののほうが美味しいし、食べた後ラクだとか、そういったことがわかってくるようになるものです。

どうしても喫煙をやめてくれない相手には、負けないでください。

喫煙は100%不健康で吸ってる意味がありません。自分の前では絶対吸わせないようにしましょう。本人が禁煙をあきらめても、パートナーである自分はあきらめないと覚悟しましょう。

ヘルシーな食生活として、自分はベジタリアンを選んだとしても、パートナーが動物性の食品も食べたいのであれば、それは尊重してあげていいと思うのです。

植物性であれ、動物性であれ、できるだけオーガニックの食材を選ぶこと、加工品は避けること、栄養のバランスを大切にすることのほうが大切です。それを徹底するだけでも大仕事です。

外食でベジタリアン、グルテンフリー、オーガニックなどの食生活を維持するためには、事前に調べておいて、誰とどこに行っても、必ず食べられるものをサラッと見つけられるようにしないと、社交的な場面で疎外感を生んでしまいます。

ベジタリアンは食生活以上にライフスタイルですから、この世に存在する命を思いやる生き方です。こういったことのすべては、魂的に純度の高い幸せを求めているということを確認する作業なのだと思います。

自分と出会ったパートナーの生活を健康的にしてあげることも、自分で選んだお役目ということですね。ヘルシーで美味しい食べ物をどんどん作って、降参させてしまいましょう。

一番困るのが、ジャンクフード好きの子ども達です。私の息子達も、赤ちゃんの頃からヘルシーなものを与えてきたのに、自分達で食べたいものを選べるようになってからは、ジャンクなものが食べたくてしょうがないようで、マカロニ&チーズ、フライドチキン、フライドポテトにピザが大好きです。

仕方ないので、私が折れてヘルシー・ジャンクフードを作るようになりました。せめてオーガニックの食材で、良質の油脂を少量使ってお料理します。

無理やり食べさせることはしませんが、根気良くヘルシーな食べ物を与え続けて、自分達でヘルシーな選択ができるようになるまで、その大切さを説きつづけるしかないかと思います。

今の食生活が、10年後、20年後の自分を創っていると考えてください。サプリメントを摂るのも、今日明日のためではなく、20年後の自分のために若さを保つためだと考えてください。そうやって先を観ながら食事を選んでいくことで、将来を観る直感も磨かれていくことでしょう。

3

「魂の仕事・お金」の章

いまが、理想の人生へ
方向転換するタイミングです！

「他にも生きる道があるのでは…と思うことがありますか」

自分で選んだ道を歩み続けた人も、そうでない人も、今ある人生に落ち着いていいのか、それとも力ずくでも方向転換したいのか、自分に問うべき時期がやってくるものです。

「自分で選んだ道だけど、合ってない気がする」とか、「自分で選んだわけではないけど、結果的にはこれをすることになって、それでいいのか」「自分で選んだ道ではあるけれど、共感できる人がまわりにいない」と感じるとき、他に違う生き方ができるのではないかと感じるようになるでしょう。

自分で選んだ道ながら、魂的に満たされていないので、ここからもっと理想的な環境に進まなければいけないということなのです。

私は人生の軌道を修正するにあたって、魂的には年齢制限はないと考えていますので、何かが合ってないと気がついたら、そこから人生の方向転換をしていくべきだと思うのです。いきなり大きく変わろうとしなくてもかまいません。コツコツ変えていこうと思うことで、魂の自由を実感できるのだと思います。

自分で決めた人生を生きていると実感できないと、自分の人生に納得もできないでしょう。そのためには精神力、体力、時間、お金という実質的なエネルギーが必要になってきます。そして良いタイミングに恵まれなくてはいけません。


いつからでも方向転換可能といっても、職種をすっかり変えてしまうような転職は、年齢の壁があることが多いので、それを乗り越えられるだけの「力」が必要になります。

「年齢を考えると、人生を変えたくても変えられない」そう考えると、魂的に空回りしてしまうでしょう。年齢と関係なく変えていけることを見つけましょう。今からでも始められることがあるはずです。それが仕事につながるかは、やってみないとわからないことですし、やらなければチャンスも生まれませんよね。

いつからでも、自分の理想は叶えられる。そう信じることから始めましょう。

最高のタイミングで最高のチャンスをつかむために

準備もなく条件も揃っていないのに、人生を無理矢理、理想の方向に変えようとすることは、ダメージのほうが大きく、結果的に自分が苦しむことになると予想できますよね。そこで、思い通りに進みたいけど、進めないジレンマにぶつかります。

ここで思い通りに進めば、苦難にぶつかる。でも今のままの状態が続くのも苦しい。方向転換をするにも、その道を切り開くための「時間」が必要です。

新しい人生を歩めるようになるまで、必要な時間をしっかりかけながら、希望を持ち続ける。これが新しい環境で生き残るための精神力や体力になっていくのです。

しっかり準備をして、チャンスが来たときに、さっと動けるようにしましょう。

自分が望むタイミングで望み通りのチャンスが来るのが一番嬉しいのですが、そうでなかったとしても、将来的にチャンスが来ないわけではありません。連絡したいと思っていた人に出くわしたり、先方から連絡をもらったり、「こうなったらいいのにな。

でも自分には無理なのかな」と思ったことが、突然実現したら、それはチャンスが来たということです。

私は基本的に、どんなきっかけも「最高のチャンス」だと思うようにしています。小さなチャンスに観えることが大きなチャンスにつながっていったり、チャンスを逃したことで新しいチャンスに出くわしたりします。肝心なのは、どんなチャンスもチャンスと認識しているということでしょう。

今チャンスが来ても、自分の準備が整っていなければ、つかむことはできませんし、つかんでも、そこで生き残れないかもしれません。チャンスが来ないなら、望んでいるチャンスに、自分からもっと近づいていかないといけないのかもしれないのです。

職種を変えるとか、職場のロケーションを変えるといった転職を希望する際に、自分で選ぶか、チャンスが来たものを取るか、というところで悩むものなのですが、自分で選びたくても、そのポジションに空きがなければ、可能性はゼロです。

そんなときに、お声がかかると、それが自分の理想と違っていても、「むこうから来たものを取るしかないのか」と思ってしまったりするのです。

しかしこれは、**「本当にこれでいいのですか？　これを取りますか？　それとも、もっと理想を追求しますか？」と聞かれているの**だと考えてください。

転機がくると、必ず2つの両極端の選択が降ってくるものです。でもそこで、「結局は自分で選ぶ人生なんてムリなのかも」と考えてしまっては、人生は開けていかないし、魂的にも自由になれません。

仕事であれば、とりあえず転職して、さらなる転職先を探すという方法もあります。それより今の勤務先に留まったほうが、働き慣れた環境で融通がききやすいなどのメリットがあるなら、このままさらなるチャンスを待つのもいいでしょう。

もともと転職したいと思った動機そのものが、自分が乗り越えなければいけない困難とか課題として、自分にチャレンジをしかけてくるのです。

「変わりたいけど、変わる先がない。変わりたいなら、まずは自分が変わらなければいけない」、そのチャレンジを乗り越えることが、今の目標なのでしょう。

自分が変われば、選択の範囲も変わってくるものです。

仕事も大切な自分のクオリティーです

仕事は生活をしていくため、サバイバルのためのものなのですが、それが同時に自分の魂のアイデンティティーであることが、最高の理想です。

自分を証明するもの、今世で果たしたい使命だとかやり遂げたいこと、これが自分であるという姿勢。それが魂のアイデンティティーです。

「自分の看板」とイメージしてみると、わかりやすいかもしれません。自分を表す看板。その看板と実際の自分が違っていると、自分に偽りがあるような感じがしたり、人に自分を理解してもらえなかったり、自分を上手くアピールできなかったりして、どうも自分に納得できないとか、何をやってもシックリ来なかったりするのです。自分の看板と自分のやっていることがピッタリ合っている……それが究極の幸せな自分だと思います。

たとえば仕事で言えば、自分が本当にやりたいことで食べていける。その仕事が自分を証明してくれる。自分の理想と仕事がぴったり合っている。そういう仕事に就けている人は、最高に幸せだと思います。

しかし、誰もがそういう仕事に就けるわけではないので、これも「魂的看板（魂的アイデンティティー）」と、「サバイバル的看板（サバイバル的アイデンティティー）」の両方をかけもちしている人が多いです。生活の安定を得るための仕事を、選ばざるを得ないことがありますよね。

例えば、芸術、学術、スポーツの世界で生きることを選んだ人は、その魂のアイデンティティーとキャリアを支えるために、サバイバル職に就かなくてはならない。そういった条件が当然のごとくついてきます。

ここで、本当の理想である「魂的看板」と、生活していくための「サバイバル的看板」が違うことを苦にしては、夢を追い続けることが、よけいに難しくなってしまいます。このサバイバル職から学べることは多いので、サバイバル職から夢を叶えるための忍耐や闘志をもらっていると考えてください。

いつも発想は自由に、または自分の発想を拘束するものは、どんどん取り除いて、いつでも自由に動けるようにしておきたいですね。

お金の自由よりも、自分がやりたいことができる自由があることのほうが、魂的に価値があります。「お金がないから、やりたいことができない」という人は、お金がなくても目標達成できる方法を考えたり、まずはお金を作ることに取り組んだりすることで、新しい自由を生んでいくところから始めましょう。

仕事をするときに大切なのは、何らかの「自由」が得られることだと思うのです。この場合は、自分の好きな道を選ぶという「自由」のために、サバイバル職に就くわけです。お金の自由、時間の自由、発想の自由、心配から解放される自由、人と交流できる自由など。

この自由は、ふんだんに使い放題というわけでなくても、少しでも思い通りの方向に自由に動ける、そんな感じでいいと思うのです。これらの自由のせめて1つでも得られるような仕事の仕方ができるように心がけることが大切だと思います。

たとえば、全くお金にならず、時間の自由もなく、自由に発想することもできず、人間関係も最悪……みたいな職場で長く働くべきではないでしょう。魂的にも肉体的にも破壊されてしまいますから。

もしも、そういう職場で働くことになったら、そこから出るために、転職に向けて自分の目標と計画を立て直しましょう。そういう最悪の職場で働くことになったとしても、転職のために発想を切り替えることで、発想の自由と、転職に向けての希望を得ることができるのです。

そしてその最悪の職場で頑張った経験が、逆境に反発する力になるはずで、自分は本当は何がしたいのかが観えてくると思うのです。

最悪な状況にいるときでも、魂だけは解放できます。魂的に良い環境に向かおうとする力が、自由に行動する力となってくれるといいのです。そういうときに、絶対辞められないと思った仕事を辞める勇気が出たり、何でもいいからやってみようという意気込みが出たりします。

あまりお金にはならなくても、気が楽だとか、楽しく仕事ができるとか、同僚がいい人たちで、学ぶことがたくさんある。そういう職場には、お金以上に自由がありま す。仕事をしていると、1日の大部分を職場で過ごすのですから、それが自分の生活のクオリティーに大きく影響します。そこで何を得られるかを考えるとき、お金とそれ以上の何かが得られることが大切です。

職場のクオリティーが、自分が発信するエネルギーやイメージにも現れてきます。

ですから、魂的に輝けない職場で陰を背負ったようなイメージになってしまわないようにしましょう。職場で輝けないなら、職場以外に自分の魂が輝ける環境を確保しましょう。

転職するなら、そろそろ最後のチャンス。そんな時こそ、10年先を見てください

新卒の頃、自分に何が向いているか、本当は何がしたいのか、わからないまま、親や友達の意見をもとに就職してしまった。何年か働いてみて、選んだ仕事が自分には向いていないとハッキリした……なんていうのも30代にわかってくることです。

そういう意味では、30代になって本当の「自分の看板」は何か、考えさせられるようになると言えるでしょう。

そのままその仕事を続けていても、自分もそこで才能を発揮することはできないし、会社もそれほど重要な仕事はさせてくれない。違和感のある職場で本音を隠して勤め続けても、そこで働く自分は「仮の姿」でいるようなもの。それでは自分を認めてもらうことも難しいでしょう。

ずっと真面目に勤めてきたのに、自分の仕事がどんどん若い子に流れていっている気がするし、これ以上キャリアアップはありえない。さらには契約を更新してもらえ

るかわからないとか。そんな不安が出てきたなら、ここで仕事の将来性を伸ばしていくために、何かしないといけない時期なのです。

「今さら何ができるのか」「転職は至難の技」「結婚して専業主婦になるしかない」と考える人も多いのですが、ここから10年先をめがけて、特技にできること、自分の看板にできる仕事に取り組み始めて、新しい可能性を生むことを考えてほしいのです。何かできるかもしれない、という希望が持てることが大切だと思うからです。

転職をするなら、本当に自分がやりたい仕事に就くべきです。年齢を重ねるほど仕事を選ぶ自由が少なくなる中、経験を積んで、自分の適性がハッキリしてくるので、どんな仕事を選ぶべきか、新卒の頃よりは認識していると思うのです。どうしても人と実際に関わっていないと、仕事をしている手応えがなくて、頑張る気になれないという人は、人に接する仕事で「自分の看板」を探すべきでしょう。

人と接するのが苦手な人は、直接人に接しなくてもいい仕事に絞っていいと思います。それをマイナスと考えずに、プラスと考えましょう。データを扱う仕事が好きだとか、移動を伴う仕事が好きだとか、英語などの外国語が使える仕事がしたいなど、自分の希望をストレートに尊重して、それで勝負するべきです。

特技はないし、器用じゃないし、何をやってもあまり上手くできないとおっしゃる人がいますが、「何にでも真面目に取り組める人」になれたら、必ずお役に立てる職場があるはずだと思います。そう信じることから始めてください。そう考えることで、「発想の自由」が生まれるはずですから。

「とりあえず自分にまわって来た仕事をやってきた」という人は、ここで自分が本当にやりたい仕事は何かを考えてみてください。自分がやりたいことがお金につながらなくても、それを支えるためのお金と時間が得られる仕事を選んでください。

転職したいとずっと思っていても、安定した職場を手放せないという人は、「お金の自由」「お金の心配から解放される自由」を得ています。それをうまく活用して、自分がやりたいことを仕事にできるように、準備ができるといいですね。もしくは、仕事は仕事と割り切って、やりたいことは副業や趣味と位置づけると、「発想の自由」が得られます。やりたいことを仕事にするには、そのための「制限」も出てきますから、そんなに自由ではなかったりするのも実のところです。

突然解雇になった人は、**今が「夢の仕事」にチャレンジできるチャンス**です。これまでの経験と、「自分が一番やりたい仕事はこれだ」という確信をしていることが、自分をアピールするポイントだと思うのです。もっと魂的に満たされる仕事に転職するための「**自由**」をもらったと考えてください。

「お金の自由、時間の自由、発想の自由、心配から解放される自由、人と交流できる自由」このどれかを得られる仕事を探すと考えると、選べる職種が広がっていきます。そして今の時点で転職して、初心者レベルで仕事を始めたとしても、10年後にキャリアとして成り立っていくと予想されるなら、そしてそれが本当にやりたいことなら、チャレンジするべきでしょう。

10年後を考えると、今の仕事を継続できるかわからないと感じるなら、それは魂の警告ですね。将来性のある仕事に就けるように、地道に方法を探しながら、今の仕事も頑張りましょう。

独立したいなら、ベストタイミングを見つけること

独立したいという気持ちが少しでもあるならば、思ったときに準備にとりかかるべきです。準備をしたからといって、独立してすぐに成功と呼べる成果が出せるかわかりませんし、物事が計画通りにいかないことも、覚悟の上でないといけませんよね。とにかく、「今起業しないと後悔しそうだ」と思うのであれば、その日に会社を登録する勢いで、副業としてでも事業を立ち上げたりするべきでしょう。

独立したいという気持ちは、「起業家」という魂的アイデンティティーが欲しいという証なので、今すぐに動き出してください。

独立したいと思っても、サラリーマンの安定性を手放せない人もいますし、起業して利益を出せるところに到達するまで無給という状況が怖くなる人もいます。

独立したいという気持ちが魂からの声なのかわからない、会社勤めが嫌という逃避

からなのか、自分が独立に向いているかどうか、もしくは本当に独立したいのか、いつ独立したらいいのか？　そう悩む間は、まだ独立する準備ができていません。

独立するかしないかは、独立したいという発想を持つ人と、全くそんなことは考えられない人と、ハッキリ2つに分かれますから、ちょっとでも独立したいと思うならば、それは魂的に求めていることなのだと思います。

しかし起業するには資金が必要ですから、その資金を作るなど、サバイバル的な試練を積み上げないといけなくなります。起業するための技術やノウハウを学んだり、事業を立ち上げても成果が出せなかったら、またゼロからやり直しという覚悟もいります。それらのサバイバル的条件を揃えるために頑張るには、魂的な基盤が固まっていないといけないでしょう。

よく「独立したいけれど、自信がない」という人がいますが、**自信がないのは、まだ何も始めていないから**です。

事業を成功させるには、そのための条件が重ならないといけませんから、環境を整えたり、人脈を整えたり、時期を見計らったりしないといけませんし、何が成功に導くのかを、まずは自分が知るところから始まります。

自分の事業のビジョンを明確にして、どんな方法で仕事として確立していくのか、毎日コツコツと取り組んでいった結果、それでいけるかどうか、自信や確信につながっていくのだと思います。**独立する人はたいがい、「これをやらなきゃ、自分がダメになる」くらいの強い衝動にかられて動いていらっしゃいますから、そういう勢いを感じたら、チャンスのとき**なのでしょう。

成功するかどうかは、成果でしかないので、事業を始めるときに、100%自信がある人はいないでしょうし、どんなに成功につながる条件が揃っていても失敗するかもしれません。自信があるから起業するのではなくて、自分がそれをやりたいから起業するべきでしょうし、それが魂的看板になるなら、成功することよりも、事業として継続させていくことのほうが大切になってくると思います。

パッと儲けるための仕事ではなくて、自分の理想の生き方を反映した仕事を始めると考えたときに、それが何かハッキリしていたら、すぐにでも起業できるのではないでしょうか。

働かないと生活していけないのに、どうしても働くのが嫌という人は、実は幸せです

自分が働かないと生きていけないとわかっていることは、ラッキーなことだと思います。とにかく働かなくちゃいけないときは、とにかく前進していられるということですし、そうやって生きていけることを実感できるということです。

「働く自分」を「魂的アイデンティティー（看板）」とすると、何をして働いているかという「サバイバル的アイデンティティー（看板）」は、サブタイトルのような感じになります。

働かなくてもいい人たちと自分を比べて、悲観する人もいますが、働けるというのはありがたいことです。実際に働けなくなってからでないと、それがわからない人もいるかもしれませんが。

いったん働くのをやめると、それをまた再開するほうが大変だというのも確かです。

私自身は、働いていることが自分の看板なので、いつも何らかの形で働いていないと

落ち着きません。

働くことは生きること。そして**誰かの役に立つこと**です。自分が好きか嫌いかは関係なく、誰かの役に立っているのです。そしてそれで自分が生きていけるのです。迷わず働きましょう。

働くのが嫌でしょうがない人は、それは自分に自信がないからという人が多いのではないかと思います。とにかく自分ができることを、何でもいいので、やらせてもらおうと考えてください。

自信なんてなくていいのです。無理に「好きな仕事を探そう」などと思わなくてもいいでしょう。仕事を続けながら、「こうやって仕事ができるんだな」と自分を信じるところから始めましょう。

大自然の中にいるとき、趣味に没頭しているとき、ボランティアに貢献しているとき……お金を作ることと関係ないことをしているときが一番幸せで自分らしいという人もいます。自分らしくいられる環境は、なにも職場にだけあるものではありません。

「働く」のは、この世を生き抜くためのサバイバル的な手段と割り切って、「働く」ということ以外で自分の魂のアイデンティティーを確立していく。そんな生き方もありなのです。仕事以外に自分の看板を持つといいでしょう。

自分が勉強してきたことが仕事につながらない、自分は優秀で真面目に学んできたのに、それに見合う仕事がない、自分の目指す高尚なレベルに見合わない仕事はしたくない、そんな理由で仕事に就けなくなって、生活に困る人もいます。

しかし、どんな仕事をするよりも、まずは生存すること、健全な肉体と魂を保持していける自分がいなければ、何もできません。サバイバル的仕事をしながら、自分で魂的な仕事をゼロから創っていくしかない場合もありますから。

「私はこんな仕事をするために頑張ってきたわけじゃない」、そんな気持ちなら、その憤りをいつか理想の仕事に就くために頑張るための、燃料にしてしまいましょう。

どうしようもなく嫌だけれど、どうしても働かないといけないとき、自分が楽でいられる職場環境を選ぶか、報酬額優先で仕事を選ぶかして、ある程度期限を決めて働くようにしましょう。ずっとそこで働くわけではないとわかっていれば、なにか気に入らなくて感傷的になるのを避けやすいはずです。

短期の契約を重ねて、その合間に自由な時間を確保しながら働けば、その仕事の不安定さと引き換えに、自由な時間が生まれます。仕事が安定しない不安は、仕事にありつけたときの感謝の気持ちに変換しましょう。たとえそれが短期契約でもです。

不安な未来を目前にすると、サバイバルのための直感が冴えるようになりますから、空中ブランコ状態で仕事をつなぐしかなかったとしても、それを長年続けると、その不安がモチベーションに変わってきます。フリーランスで仕事をしている人は、そういった感覚を養える人です。

仕事がないときは、その自由時間を使って、新しい仕事のネタを仕入れたり、自分の好きなことをしたりして、魂的に満たされていれば、そんなに不安にならないものですし、魂的に満たされていれば、必要なだけサバイバル仕事が回ってきたりするものので、「やっと自由な時間ができた！　と思ったのに、また仕事が入ってきた！」というサイクルで、うまく仕事を回しているフリーランスの方は多いと思うのです。

働きたくなくなる理由が職場の環境や同僚のせいだと思い悩む人もいますが、すべては自分の気持ちの持ちようです。嫌な職場はいつ辞めてもいいのです。

どの仕事をしても続かない、好きになれないという人は、同じ職場に長く勤めない働き方をするのも、ひとつの方法です。**自分の適性を知って、それに逆らわず、自分がやりやすい仕事を、必要なだけやる。他の人がどれだけ稼いでいるかは気にせず、自分のペースで生きていくことを大切にする。**魂的にはそういう働き方が大切なのだと思います。

天職に就くためのタイムリミットはあるのでしょうか？

天職に就くなら、何歳までというタイムリミットはあるかというと、職業によって最も適した年齢というのはありますから、どの職業に就くにも、何歳までと決まっているといえば、そうなのでしょう。ですが、**天職は、「天の反映になった気持ちでお支えできる仕事」**だと私は考えますので、そういう仕事の仕方は、何歳からでも、どんな仕事を通しても可能なのだと思います。

何歳になっても夢を追っている人、たとえば社長になりたい、上場会社を作りたい、ミュージシャンになりたい、俳優になりたい、映画監督になりたいなどと、一般的なことをざっと書き出すと、年齢とは関係なくそれを達成してしまう人は確かにいるので、不可能ではないと言えます。

でもそれには地道な努力を積まないといけないわけで、日々の精進がない場合は、結果を出すことは期待できないですよね。

40歳から語学留学して、大学に進学して、大学教授になった方もいらっしゃいますし、40代になってから新しい資格を取って転職する人はいますので、人生の転機の可能性は無限にあるはずです。ただ自分がそれだけ頑張れるかは、自分次第ですね。

結婚したら退職するつもりで入社した会社に、このままいったら結婚せずに働き続ける「お局さま」になりそう～！　いまの働き方でいい？　と思い始めた人は、真剣に婚活するべきでしょう。それも範囲を国内に限らず、世界中を探すくらいのつもりで。

結婚して辞めるつもりだったのに、婚活を徹底的にやっていないということですから。これから結婚できると信じましょう。

幸せな家庭を築くために、魂的にもサバイバル的にも準備をしてください。今の仕事がサバイバル的看板で、主婦を魂的看板にしたいのであれば、いつも天の光に満たされたような幸せな家庭を作れる人になることを優先すればいいでしょう。それも天職と呼べると思います。

失業は人生の進路変更のチャンスです

失業してお金が入ってこなくなるというのは、とても怖いことですが、魂的には人生の軌道修正のチャンスなのだと思います。

仕事を失った理由が、これまで働いてきた業界の変わり目で、業界そのものに将来性がなくなってきているなら、その先を見越して、これから伸びていく業種に転職できるようにしたり、自分で起業するチャンスと考えていいでしょう。

どちらにせよ、進路変更のチャンスです。

ですから、**怖がっていないで、将来への不安をバネにして、どんどん行動することにしてください**。

その場しのぎで始めたアルバイトが本業になっていくこともあるでしょう。私は誰でも初心に戻ると運勢が強くなると考えます。

つまずいたら、まずゼロにしてみる。すると、「ここから這い上がらなくては!!」

という焦りが本能的に出てくるものなのです。

「こんなみじめな思いは嫌だ！」と痛感しないと出てこないパワーというのが確かにあると思います。**人生で本当に怖い思いをするときに、人生観が開けます。崖っぷちからしか観えない絶景が観えたりするのです。**

それまで価値を見出せなかったことが重要に思えたりもしますし、面倒くさくて避けていたことに取り組む気持ちもわいてきます。「とにかく何でもする！」、そう思えることが、最強のパワーになります。そういうときは無敵です。

天に向かって、「私のすべてを捧げます！　この人生を続けさせてください！　仕事をください！」と祈ってください。

この世に生を受けたように、これまで生きてこられたように、これからも生きていけると信じてください。

自分と同じように、この世に存在する人間のすべてが、他の人から、いろんなサービスを受けながら生きているわけで、お互いに支えあっているのです。自分が誰かのお役に立つために、必ず仕事があるはずなのです。いつの世の中にも、急激に人手を要する業界があるものなので、そういった旬の仕事を探してみるのも、サバイバル的にいいことだと思います。または思い切って、魂的看板になる仕事を始めてしまうのもいいでしょう。

ある仕事が終わったということは、次に進みましょうという意味です。その条件を前の仕事と比べるのではなくて、将来性ある仕事に就いて、末長く魂的にもサバイバル的にも満たせるように、まっすぐ未来を観つめてください。

お金はエネルギー。入ってくる分、出ていく理由もあります

お金を理由に死にたくなるような経験も、じつは魂的には成長できる意味のあることなのです。コツコツ返済できるようになるのが、魂的にもサバイバル的にも今の課題ですし、最悪でも自己破産などで解決する方法を決めましょう。

とにかく借金をして無理をしてでもお金を使うという習慣を改めなければいけません。**死にたくなるような気持ちになるときほど、普通に幸せに生きられることに感謝できるようになる、貴重なチャンス**です。人生で何が一番大切かが観えてくるでしょうし、自分の間違った金銭感覚を反省する大切な機会です。

一生お金に困らない人といっても、生まれたときからご家族に莫大な資産があって、お金に困らない人と、必要なぶんだけお金を稼げる人というタイプがあります。

前者はそういう宿命に恵まれた人。そんな人と比較をしても意味がありません。後

者は、常に前向きにお金を作る努力ができて、お金の支出の管理ができる人です。
使うことを厳しく制限して、その時々に稼ぐお金でちゃんと生活するのが健全とわかってはいても、物価が高騰する世の中で、どんどんお金が出ていったり、突発的にお金が必要になったりすることもあるでしょう。どんなに稼いでいても、それが全部出ていくような暮らしぶりでは、金銭的な安定を感じられることはないと思います。

一定の収入で生活している人は、余分にお金を稼ごうとするよりも、使わないようにする方が貯金ができるかもしれませんね。**お金はエネルギーであり、自由ですから、お金を生むときも使うときも、それによって気持ちが良くなります。**
しかし、お金は生むときよりも使うときのほうが楽なことが多いので、ついつい使ってしまい、バランスが悪くなります。自分が使うお金が、新しいお金を生み出すきっかけになれば、お金のご縁は続いていくはずなのですが、魂的に満たされない何かを、お金で手に入れる快感で満たそうとしていないか、気をつけてください。

仕事のために、健康のために、チャンスを作るために、お金を使っているのであれば、それが未来に向かってお金を生んでくれるはずです。

お金のことで空回りしはじめたら、まずは、お金を失う原因になっていることを止めましょう。さらなる損失を避ける決心が、なかなかつかない人もいますが、お金が出ていくのを止めるほうが簡単なことが多いのです。

期待過多なビジネスモデルを構想して、高収入を狙うなんてことは、魂的アプローチではありません。サバイバル的にも間違っています。世の中には簡単な儲け話というのはありませんから、信じられないくらい簡単なお金の稼ぎ方があると言われたら、それは信じないことです。そんなものはありません。

投資をしたら、必ず儲かるということは、ありえないと思います。そして運良く大金が入ってきたとしても、それが続くとあてにしないことです。自分が投資するお金は、まずは自分以外の人の利益になるわけで、自分が投資したお金がどう運用されるかわからないものは、信用できないと思うのです。「投資で儲かった」という人は、必ず投資で損もしているものです。

お金は入ってくるぶん、出ていく理由もついてきますから、お金を稼ぐために努力できること、今日も頑張って働けることそのものが幸せなのだと思います。

お金で買えない幸せをたくさん味わえるほうが幸せですし、お金があっても、お金では買えない幸せを味わえない人の幸福純度は低いと思います。

すべてがお金でまわっていく人生には、魂的なつながりが生まれてくる環境が少ないと思うのです。お金を思いっきり稼ごうとするのもいいですが、たまには、お金をとことん使わないようにする生活を経験してみるのもいかがでしょうか。

働きすぎて身体をこわした経験のある人は、「健康第一、お金優先の人生は意味なし」と悟らされるものです。たとえば、月収15万円できっちり暮らせる人と、毎月100万円きっちり生活費に使う人、双方とも「働かないと食べていけない」という不安は共有していて、どちらが安定しているかというと、生活費を安くセーブできる人のほうが、不況には強そうですよね。

とにかく、魂をすり減らしてまでお金儲けをしようとするのは、不幸の始まりです。自分の魂のアイデンティティーを保ちながら、必要なお金を稼げるのが、一番幸せなのではないかと思います。

自分の収入だけでは生活できないという人はお金以外に得られるものにフォーカスしてください

真面目に働いてはいるけれど、自分の収入だけでは生活できなくて、今後もっと収入が上がる仕事に就ける見込みもないというご相談を受けますが、そういう人には親御さんや、パートナー、またはルームメイトなどがいて、助け合えることで、お金以外に得られるものが、たくさんあると思うのです。

お金が足りない部分は、魂的には満たされているかもしれません。ずっと親にお世話になっていることを申し訳なく感じても、親御さんは喜んで助けてくれている場合もありますし、経済的に支えあえることに感謝して、うまくいくカップルや、励ましあえるルームメイトの関係というのがあります。

これは魂的にも、サバイバル的にも、支えあえているということで、自分を謙虚な気持ちにさせてくれると思うのです。

しかし、その状況が、魂を蝕んでいるのならば、働き方を改善しましょう。

自分ひとりで子どもを育てなければいけない人は、迷わず働きまくるしかなくなります。**経済的に自立できるようになることは、魂的にも自由になること**です。

稼ぎたい目標額を定めて、どうしたら達成できるか考えてください。仕事をかけもちしないといけないかもしれませんし、トレーニングを積んで、昇給を狙わないといけないかもしれません。自分で仕事を作っていかないといけないかもしれません。

努力することで、魂的にもサバイバル的にも成長できるのは、ありがたいことです。今の稼ぎだけでは生活できない自分に、嫌悪感を抱かないように。「このままじゃダメだ！」という強烈な危機感を将来の可能性に転換していけるといいのです。

週5日働いても生活できないなら、残りの2日も働く。世の中には、母国での貧困を逃れて、海外で出稼ぎして、低賃金、長時間の悪条件にも負けず、立派に家族を築いている人がたくさんいます。自分も負けずに頑張るしかないと思うのです。

副業を持たないといけなくなったことが、起業のきっかけになる人もいますし、条件のアップの転職につながる人もいます。収入への不安は、仕事を増やすためのバネにしてしまいましょう。

4

「魂の親子関係」の章

親子という課題を超えていきましょう

「子どもには親の人生を浄化する役目があります」

親から受けた仕打ちで、ずっと親を憎んでいらっしゃる方がいます。それでも、一生、親を許さずに生きていくかどうか、このままの親子関係でいいのか……と悩まれる方も多いのです。

親に苦しめられた怒りは、一生消えるものではないのだと思います。でもこれは今世で浄化してしまわないといけない課題です。

私は、子どもには親の人生を浄化する役目が与えられているのではないかと思うのです。

親に苦しめられたことで、子どもは早期に自立しないといけなくなります。こんなに親に苦しめられて、前世で何か悪い関係だったのではないかと考える人もいますが、これは親が抱えている今世の問題を、せめてその半分でも自分が浄化する役目をもらっているからだと考えたほうが、前向きに取り組める感じがしないでしょうか。

親を一生、許さずに生きていきますか？

どうして親が自分を苦しめるようなことをしたのか、親の人生を振り返って考えられるようになると、その根拠があるはずで、それをすぐに許せなくても、理解することはできるようになると思います。

それで自分がされたことをすべて許す気持ちにはなれなかったとしても、親が自分を傷つけた原因が、自分にあるのではなく、親自身にあるのだと確認できたら、魂的に少しは解放されると思うのです。

親が子どもを傷つけるのは、親自身も傷つけられた経験が根底にあることが多いものです。自分が子どもの頃に体験した嫌なことを、我が子との間で再現してしまって、自己嫌悪になったという話をよくうかがいます。

親を反面教師にして、「ああなりたくない」と気をつけていても、ちょっとした隙に、悪い経験が衝動的に蘇ることもあるのでしょう。

子どもは愛されるために生まれてきます。そして、親への愛情を持って生まれてくるのです。子どもはどんなに出来の悪い親でも、親として慕い、愛そうとします。親が愛情を与えたぶん、子どもの親への愛情はどんどん深まっていくものだと思うのです。

それなのに親を憎むようになるのは、子どもが持って生まれてきた親への愛情を、親の手で破壊するような結果になったからでしょう。

その親の子どもに生まれたことを悔やんでも、自分が得るものは何もありません。親の間違いから学んで、自分がその間違いを繰り返さないようにすることで、**人として親よりも成長することが、生まれてきた目的の一つ**だと思いましょう。

選択を間違った親の犠牲にならないようにするのも、親孝行です。そういう意味では、親を許し、親への怒りを癒すために日々精進することも、親孝行と言えるかもしれませんね。親への怒りは消えないとしても、親を許せないまま、親に先立たれたときのことを考えてください。

「それで清々する」と思えるなら、その瞬間に、親への怒りを清算するべきでしょう。もっと長生きしてくれたら和解できたかもしれないと後悔することになったら、対象のない、行き場のない怒りを抱えることになります。

親に対しての怒りだと思っていたのに、気がついたら、自分や周りの人を攻撃することになっていた、なんてこともありえます。親への怒りは、自分の結婚生活や子どもとの関係に影響しますし、恋愛や会社での人間関係をうまく築けない原因になったりもします。

怒りを抱えて生きることは、結局は自分を苦しめ、魂を蝕んでしまうのです。親に対する怒りから解放されなければいけないのは、自分自身なのです。

自分を苦しめた親から距離を置くためには、自分が自立していなければいけません。親という自分の原型から離れた自分になろうとすることで、独自の魂のアイデンティティーを確立しやすくなるかもしれません。

親の人生がもっと幸せに満ち溢れていたら、自分を傷つけるようなことはしなかったかもしれないと思いましょう。**そのぶん、自分が幸せにならないといけない**のです。自分が成功して、その幸せを分けてあげられたら、それで親が変わるかもしれないという発想で、頑張ってみるのもいいでしょう。

とはいえ、自分が成功したからといって、親が幸せになって性格が改善されるかというと、これは保証できませんので、親を幸せにできない自分が悪いとは思わないように。

いくら幸せにしてあげたいと思っても、親の言う通りにすることでしか喜んでもらえない場合も多いですし、何をどんなに与えてもキリなく、さらに要求されることもありますので、そうなると親に振り回されるという問題につながっていきます。

親を幸せにしてあげるというよりは、親を浄化してあげるとか、親の魂を解放してあげるというイメージのほうが、プレッシャーが軽減されて、健全な関係を築きやすいのではないかと思います。

親子の関係の浄化は、相手にそれを受け入れる気持ちがあって成り立つものなので、一方的に取り組もうとしても効果が出ません。

親がこちらの望むペースで進化してくれるかどうかはわかりませんので、前向きに浄化作業をしようとしても、一向に変わらない親にイラ立つようでは、それでさらに関係が悪くなってしまいます。

親の限界という現実を受け止めて、自分に命をくれたことが親の役目で、そこからの人生を創っていくという役目は、すべて自分が果たさなければいけないと思いましょう。

自分の人生が浄化されていることが親孝行なのです。親から愛情や資産やチャンスをもらえなかったら、自分でそれらすべてを得るしかなくて、それは自分を成長させてくれるきっかけです。乗り越えるハードルが高い分、頑張る力も強くなります。親への憎悪は、自分の自由に変換して、さらに自分の幸せに変換しましょう。

結婚に干渉してくる親との上手な付き合い方があります

原則的には親のために結婚するのではなく、自分と自分の将来のために結婚するべきなので、親の干渉は参考程度に聞いておいて、振り回されないようにするべきなのですが、たとえば経済的につながっていると、親の意見に逆らえないことも出てきますね。

親と同居なので結婚できないとあきらめる人、婿養子をもらわないといけないとプレッシャーを感じている人、親がすでに2世帯住宅を建ててしまっていて、そこに住んでくれる人でないと結婚できないと考える人。こういったケースは、絶対そうしなければいけないと決めてしまわないことです。

親との関係を大切にしてくれる人と結婚することは大切ですが、だからといって一緒に住まなくても、近くに住むという方法も取れます。

婿養子は魂的な問題ではなくて、どうやって資産を守っていくかなど、極めてサバイバル的な問題ですね。養子になってくれる人としか結婚できないと考えると、サバイバル婚に直結しそうです。

自分がやりたい仕事に就くために上京したり、海外に行ったのに、帰ってきたら、広大な農地を相続したいから婿養子をもらえと言われてしまって、その土地から離れられなくなって困惑しています〜、といったようなケースはよくあります。

婿養子でないと結婚できないと考えると、魂的に束縛されてしまいますので、魂婚の相手を見つけて、お互いにとっていちばんいい方法を取ろうと考えるといいのではないかと思います。

親が2世帯住宅を建ててくれたのに、どうしてもそこに住めないならば、貸し出してもらうとか。柔軟な気持ちでいれば、解決方法は見つけられるはずなので、親のせいで結婚できない、ということにならないようにしてください。

親のアイデアに自分が束縛されるかどうかは、自分の発想次第だと思います。結婚相手が親の好みでないとか、自分が好きになるタイプの人は親には気に入ってもらえないタイプの人だとか、親が気に入るタイプの相手とは結婚したくないと感じたりするなら、その気持ちを優先しましょう。

結婚して自分の家族を築くことも、親子関係の浄化作業のひとつだと思います。ここで世代が変わるわけですし。ですから、自分独自の魂のアイデンティティーにピッタリくる人と結婚することが大切なのです。

親の人生と自分の人生では、世代の違いもありますし、親を喜ばせること最優先の結婚ではなくて、自分の理想の生き方を貫くための結婚をするべきだと思います。

実際のところ、親御さんの影響が強すぎて、誰とつきあっても、親に会わせる段階で止まってしまう人がいます。つきあっている相手が親を見て何と言うか、それを考えるだけで、そこから進めなくなってしまうとき、親子関係の浄化について考えてください。それに、親や親戚で自分を判断されるのは間違っているのです。

もちろん、親の影響は絶大ですが、親の人生と自分の人生は、それぞれ違っていて、魂のアイデンティティーもそれぞれ独自のものです。

結婚相手は、親からさらに進化した自分の人生を確立するためのパートナーです。

自分の理想の将来像が、親が想像できる範囲を超えてしまうこともあります。ですから、親の反対を押し切って結婚して失敗したとしても、それが自分の選んだ道であれば、結婚が終わっても、必ずや何か得ているはずなのです。そこには、自分が望む何かがあったはずです。それも親からは得られない何かです。**失敗する結婚でさえ浄化作業だと思うのです。**

自分の魂のアイデンティティーが確立されていて、それをガイドラインにすれば、どんな人と結婚するべきか、明確になるでしょう。親をはじめとする、自分を支援してくれる人々の意見は、安定重視のサバイバル的な意見であることが多いので、ありがたく受け取りながらも、振り回されないようにしましょう。それも思いやりなのではないでしょうか。

親の人生がたとえどんな人生であったとしても、讃えてあげてください

例えば親が余命宣告をされたり、重い病気にかかったりして、死と向き合わなければいけなくなったとき、やってあげたいことがいっぱいあるのに、何からどうしたらいいのかわからなくなってしまうのが子どもです。

まずは**親の人生を敬愛してあげることからはじめましょう。それがどんな人生であれ、それを讃えてあげましょう。**

もっといい人生にできたかもしれないなんてことは、考えても意味がありません。どこかに連れて行ってあげたいとか、誰かに会わせてあげたいとかいうことも、ご本人の意思を尊重してあげてください。自分中心に生きる、最後のチャンスともいえるでしょう。

看病をするまわりの者がいくら頑張っても、「あれでよかった」と言えることはありません。病気を治してあげられるわけでなければ、何をしても無力に感じるでしょ

う。結局は看病する側が、「自分の力でやれることは、やらせてもらった。もうそれ以上できなかった」と思えることが、せめてもの救いなのだと思います。後々、そう思えるように看病しているようなものです。

ご本人が病気と治療に向き合わなければいけない現実を変えることはできないのです。病状緩和のケアと共に、病気や治療と向き合う不安を和らげてあげることが、いちばんいいのではないかと思います。治療をするのはお医者さん、**子どもとしてできることは、親との関係を浄化すること**です。

病気のことを考え続けるのは、病気と闘っていることにはなりません。病気のことを忘れるように、何か他のことにフォーカスすることで、精神的な痛みから解放されることが、病気と闘うということなのだと思います。できるだけ病気のことを考えない時間を長くつないであげるなどして、精神的な痛みを取るお手伝いをしてあげてください。

自分がやってあげたいことが、ご本人の望まれることでなければ、意味がありませんので、とにかくご本人の意思を尊重してあげてください。

そして自分も無理をすると、看病どころか、自分が倒れてしまいますので、自分の健康管理もしっかりしてください。

看病する自分も、病気のことばかり考えては、精神的に参ってしまいます。病気とは関係ない、自分の好きなことを考えたり、気分転換に出かけたり、平穏な暮らしをイメージして、普通に過ごすことも大切だと思います。

やってあげたいことを、できる範囲内でやってあげて、それができることに感謝しましょう。

人生の最後に向き合うにあたって、心配事の種をすべて取り除いてあげられるのが、いちばんお役に立てることかと私は思います。

闘病生活のサポートをする側も、体力と精神力と時間を消耗します。私も母や義母の闘病生活のサポートをさせてもらいましたが、もっと色々やってあげられたらよかったと思うばかりです。看護師さんに、「ご家族の皆さんは、どんなに頑張っても、もっとやってあげられたのにと思うものなんですよ」と言っていただいて、救われた感じがしました。

入院の手続きや、入院中の雑用に追われて、病院に行って帰ってくるだけでも疲れ切ってしまう毎日で、今思うと、もっと関係の浄化ができたらよかったのにと残念に思います。食べさせたり、着替えさせたり、トイレに連れて行ったり、そんなことでお互いに頭がいっぱいになっていて、そのやりとりの間で浄化作業ができていた部分もあるのでしょうが、徹底的に関係を浄化するには至らなかったように思います。

母とは最後のほうまで親子ゲンカもあって、「こんなときになってぶつかるなんて」と思いましたが、本当の最後には、それまで「ありがとう」と言ってくれることがなかった母が、「今まで色々ありがとう」と言ってくれて、そのときは私の心臓が止まりそうになりました。本当にダメなんだと覚悟したと同時に、いろんな葛藤が浄化されたような感じがしました。

結局、母が亡くなってからは、自分の基盤の根っこを、ごっそり失ったかのような感覚になりました。母との問題は、彼女がまるごと天に持って行ってしまい、それまで絡み合っていた彼女の根っこと私の根っこは、私のものだけが残されたという感じです。

彼女との関係で浄化しきれなかったことは、私の子どもとの関係の中で浄化されていく、そんな感じがします。

親の介護問題。自分もまわりも納得するために…

親の介護が必要になってきたとき、自宅でみるか、施設に預けるか……悩まれるでしょう。親戚に「施設はかわいそうだ」と言われたり、自分でも家でみてあげたいと思っていても、働いていると現実問題として難しい……という堂々巡りで結論も出ず、苦しまれている方も多いのです。

どうやって自分とまわりを納得させたらいいのでしょうか？

近頃は介護のプロにお手伝いしていただける環境が整っているので、親が老いたら自宅で面倒をみてあげられるのがいちばんだとは言えなくなってきていると、私は感じます。

親の介護をするにあたって、親子ゲンカが絶えない、親が言うことを聞かない、可哀想だと思っても親にイラつくなど、親の介護がもとで、親子関係が悪くなるケースもありますから、そういう場合は、プロの介護士さんにお願いできるほうがよさそうです。

施設にお願いすることに罪悪感を感じるべきではないと思うのです。誰もが自宅で親の面倒をみられるわけではないことは、厳しい現実であり、良い悪いという判断はできません。

親子とはいえ、素人が中途半端に面倒をみるよりも、プロの介護士さんにケアしていただいたほうが安心だったりすることもあります。

自宅でみていたところ、介護が行き届かなくて後悔することになったというご相談も受けますので、ご本人とご家族が後悔しない方法を考えましょう。

仕事をしながら介護をするとなると、必ず誰かにお手伝いをお願いしなくてはいけなくなります。親戚の方たちが、実際に手助けをしてくれるのなら、その方法も取れるでしょうが、そうでないのならば、自分の都合で判断するしかありませんよね。

私も実際、母や義母の介護をさせてもらう時期がありましたが、思えば至らないことばかり、後悔ばかりです。病院や施設のお世話になっている間は、看護師さんや介護士さんがいてくださって、安心でした。

実際にケアする側からそのクオリティーを考えて、納得できるケアをするには、どの方法がいいでしょうか。徹底的に自分でケアしてあげるのも、最高の親孝行であり、親子の関係を浄化できる最高のチャンスですね。


ご本人が他の人との同居が嫌だとおっしゃる方もいらっしゃいますが、時々自宅に帰ってきていただいたり、家族がお泊まりに行ける施設もあるようですね。

どうしても施設に入ってもらわないと、仕事が続けられない場合は仕方ありません。乳幼児だって親が働いていたら、嫌でも保育園に行ってもらわないといけないのですから、それと同じことだと考えてはいかがでしょうか。安心してお願いできる施設を手配して、ご本人が納得してくださるまでは、介護士さんや、ヘルパーさんに来ていただいたり、そのための支援を家族に求めたりしましょう。

人生には人を頼るべきときがあるのですから、頼れる家族がいるのであれば、しっかり助けてもらいましょう。そうやって家族の絆が強まって、親類縁者との関係も浄化されていくのだと思います。

最愛の家族との別れ、その時あなたは…

「親（身内）の死から立ち直れません。どう考えたらいいのでしょうか。来世でまた再び会えるようにする方法はありますか？　そう思うと、この世での別れも少しは淋しくなくなるような気がして」

こんなご相談を受けたことがあります。

親が自分が先だった後に望むことは、子ども達が幸せに生きていってくれることです。これは子どもを授かった瞬間からずっとそうなのです。

そして遺族が故人にできることは、まずは心配させないこと。自分の人生をしっかり幸せに生きてあげることです。

親の役目は、自分がいなくても子ども達が自力で生きていけるようにしてあげることです。世の中には、生まれたときに親と死別して、そこから自力で生きる人生を強いられる人もいらっしゃるのですから、それを考えると、これまで長くサポートしてもらえて、本当にありがたいことです。

私は、先立たれた親御さんの魂は、子ども達の人生を見守るために、しばらく側にいてくれる感じがしています。話しかけたら返事をしてくれる、そんな存在感があることが多いのですが、中には、さっさと来世に行かれて、これまでと全く関係ない環境で人生をやりなおす魂もいらっしゃるようです。

そういう場合は、呼んでも反応なし、そんな感じがします。親御さんの肉体はなくなっても、魂はしばらく一緒にいてくれることが多いですから、積極的に話しかけましょう。生前と同じように答えてくれるはずです。

自分が期待した答えと違う返事があったら、自分が独りよがりの空想で故人と会話しているのではなくて、やっぱり魂となって側にいてくれているのかもしれないという実感がわいてくると思います。

自分の親と来世で一緒になれるかどうかは、私にはわかりません。親のＤＮＡは必ず子どもに受け継がれますから、子どもを産めば、その子にその特徴が現れます。親の生まれ変わりのような子どもを大切に育てていくことが親孝行であり、親子関係の浄化であり、ご供養になるのではないかと思います。

親の困った性格なんかも、子どもは引き継いでくれます。自分自身もそれを受け継いでいるはずで、それで苦労してきているはずですから、それを今世で改善するというお役目も受け継いでいるのです。

子どもがいない人は、自分の人生を浄化するように、丁寧に生きて、そんな人生に感謝できることが、親子関係の浄化になり、親への供養になるのではないでしょうか。

私は、亡き母の家を片付けているときに、母のベランダで育った鳩が巣立っていく瞬間を目撃しました。

母の闘病中にずっと鳩の夫婦がせっせとその雛を育てるのを、私も見守らせてもらったのですが、大きくなった雛が、ある日突然、羽を広げてサッと飛び立ったきり、戻って来なくなりました。飛べるようになったのを確認して、ちょっと飛んでまた巣に戻ってくるのではなく、その日以来、いなくなってしまったのです。それを追うように、鳩の夫婦もいなくなり、巣だけが残りました。

当たり前のことのようですが、子どもを育てるというのは、そういうことなんだと、衝撃を受けたのを覚えています。

「人生というのは、振り返るべきものではない、ひたすら前を向いて進みなさい」

と天から言われたような気がしました。

ですから私は、先立った親にしがみつくのではなくて、彼らがまた新しい人生を生きるのであれば、前世を教訓にして、もっと理想的な環境で、望み通りの人生を送ってもらえるように、お祈りしています。

学校に行かない子どもこそ魂のアイデンティティーを意識させてみましょう

子どもの不登校の問題を抱えているご家庭はたくさんありますから、自分だけの問題だとは思わないようにしましょう。この問題に取り組んでいく使命が与えられたということです。

学校に行きたくない理由は、お子さんの魂のアイデンティティーと、学校生活が何らかの理由で合わないのかもしれません。自分の居場所がないと感じるから、学校に行きたくないのでしょうか。

学校はすべての生徒が、標準的に学び、成長できる場を与えてくれますが、生徒一人ひとりの個性に合わせた指導はできないことも多いかと思います。ある枠の中に入れなかったら失格といった判断をされて、どう考えても、自分はその枠に入れないと感じるとき、そこに居場所を見つけることができなくなります。

学校社会の中の標準に自分が合っていないと感じるとき、他の生徒より自分が劣っていると思われるとき、学校に行きたくなくなるのも、自然なことです。

自分がそこにいる意味が感じられないとき、その場所に行きたくなくなるのは、社会人になっても同じことですよね。

学校に行きたくない理由が、家庭内での不安定さから来ている場合もあります。家庭は家族一人ひとりの魂の安住の場所であるべきなのですが、何らかの理由で家にいても魂が安泰でいられないと、行き場のない不安を抱えて彷徨《さまよ》うことになります。これは、子どもでも大人でも同じです。

不安な気持ちを抱えて学校に行っても、勉強に集中できず、勉強する意味も感じられなくなって学校に行きたくないのかもしれません。家でゲームをしていたくて学校に行きたくなくなる子もいます。私の息子も、家から出たくないと言うことがありました。原因は友達との不和があったからなのですが、家を一歩出ると、面倒くさいことばかりだと感じてしまうことがあったようです。

家庭が安定しているのに、学校には行きたくない場合、もっとハッキリと学校が嫌になる理由があるでしょうから、それが人間関係なのか何なのかを追求すると、場合によっては転校を考える必要も出てくるかもしれませんね。

健康や体力的に問題があって、学校に行くのがつらくて嫌だというお子さんは、生活習慣を改善する必要がありますし、宿題をみてあげて、勉強に自信が持てるように助けてあげるなど、その時々でサポートが必要でしょう。

他の生徒や先生との関係が原因で学校に行きたくないなら、何が起こっているのか追求するのは、親の役目だと思います。

まずは人生は自分のためにあって、自分が責任を持って管理しないといけないことを話しましょう。そして**自分が何になりたいのか、今はわからなかったとしても、自分が好きなことから割り出して、様々な自分の将来の可能性をイメージできるようにしましょう**。そして少しでも得意なところから、才能を引き出してあげて、自分の得意なことを活かすために何ができるか、一緒に考えてあげてください。

将来の可能性を広げるために学校に行く。またはホームスクールの方法を取って、ひとりで勉強する。そのどちらを取っても大変だということだと認識してもらいましょう。成人前の子どものために親ができるお手伝いといえば、本人の才能を伸ばしてあげること、得意なことが何かを認識させてあげること、学業を通して自信をつけさせてあげること、そして働く意味、社会に貢献する価値を体験させてあげること、などがあると思います。

そして私的には、**「魂のアイデンティティー」というコンセプトを、小さいうちから意識できるようにしてあげる**ことが最も大切だと思うのです。**自分は何が好きで、何が得意で、何になりたいのか。**それを追求することは、一生をかけたライフワークになります。

インターネットの普及により、これからの世の中、通学しなくても、どこにいても勉強できるようになっていくでしょうし、もしかすると、子どもがもっと理想的な環境に大移動することが、親にとっても理想が叶うきっかけになるかもしれません。子どものために海外に移住して、すべてがうまくいったという人もいます。

不登校のお子さんをもつ他の親御さんとの交流などから、その原因に取り組んでいくことで、自分を改善し、社会を改善することにつなげていけるかもしれません。

不登校は子どもの問題だけではなく、自分の問題でもあり、社会の問題でもありますから、まずは親である自分自身が学校にとらわれずに、まずは何がなくても幸せな親子でいられるようにして、どうやって学業を続けていくか、その方法を一緒に考えられるといいのですが。

私は「人生に失格とか落第とかはなくて、ひたすら改善していくところが発生するのみ」と子どもたちに言っています。子どもたちのほうが、学校での評価や、ゲームで失格するなどの体験から、「生きるか死ぬか」みたいな評価の仕方に振り回されて、よけいなストレスを感じているのかもしれませんね。

つい子どもに手を出してしまう…。こんな関係に何か意味はあるのでしょうか

いけないとわかっているのに子どもに手を出してしまう。いったん始まると頭ではダメだとわかっているのに止まらない……という方がいらっしゃいます。

叩いてしまうのは、自分も叩かれて育ったからではないでしょうか。親に叩かれたことのない人は、手をあげることに抵抗を感じると思うのです。

幼児は、自然に叩くという行為を始めますよね。オモチャも人も容赦なしに叩く。人は何かの反応を見たいときに、本能的に叩いてしまうようです。

しかし、子どもについつい手を出してしまうのは、**自分の魂の成長と、親子関係の浄化ができていない**ということだと思います。

子どもに手を出さなくても、ちゃんとコミュニケーションが取れるようになることが、今の魂的課題であり、叩くことで言うことをきかせてきた、これまでの親子関係を今まさに浄化するべきでしょう。

私も夫も叩かれて育ちましたが、子どもを叩くことには反対です。あまりにも言うことをきかないと、「叩くしかないのかも?」と思うことはありますが、叩かなくてもいいはずなのです。それに叩くことで事態が悪化するのではないでしょうか。そして何よりも怖いのは、親が習慣的に叩いてしまうことです。

躾だと言って虐待をしてしまう親のことがニュースで後を絶ちません。自分の親子関係が浄化されていないのが、子どもとの関係に現れているということでしょう。

自閉症のお子さんには、ある程度の肉体的圧力をかけたほうが伝わりやすいと言うソーシャルワーカーの人がいましたが、それも叩くということでなく、ギュッと抱きしめたりするそうです。それに関しては私は知識はありませんが……。

確かに、歌のレッスンやダンスのレッスンを受けたときに、姿勢を直すにあたって、先生にピシャリと指で叩いてもらったほうが、覚えがいいというのは自分で経験して実感があります。そういう厳しさはありがたい感じがしました。でも子どものお尻や頬、頭を叩くというのは、恐怖心しか印象になくて、ありがたいとは思えませんし、魂的にも人道的にも健全な感じがしないというのが私の感じるところです。

遺産相続など、きょうだい間の揉めごとで学ぶべきこと

お金のことで、仲の良かった兄弟姉妹が分裂してしまう。これは本当に悲しいことですね。お金に対する執着が人を変えてしまうということを、兄弟姉妹間で目の当たりにするのはショックなことだと思います。

これは親が残してくれた課題であり、資産ですから、取り組むしかありません。法律的には平等に分けることになっていますが、親との関係の度合いによって、財産を平等に分けると割に合わなくなってしまう場合もあります。

親と同居してお金も労力も費やして介護をした人と、相続のときになって突然現われて、「平等によこせ」と言ってくる人の間で問題が起こる話はよくうかがいます。

または長男、長女が遺産の大半を持って行こうとしたり、親が生きている間に財産を使い込んでしまう人がいたり、親の遺志で不平等な相続が決められていたり……。

親に「決めておいてほしい」とお願いしたくても、死ぬのを見越して言うようで、気

を悪くするのではないかと心配だったり……遺産相続の問題は複雑ですね。

平たく言えば、「みんなが納得する分け方」をするべきなのでしょうが、そこで合意できないのは、きょうだいながら魂的な共有ができていないということです。

魂的に尊重しあえる間柄ならば、親と苦労を共にした人を尊重して、それに見合った遺産の分け方をしたくなるのではないかと思いますが、生まれ育った過程で、誰かが親に優遇されていて、誰かがいつもそれを我慢してきたというような、これまでの家族関係が平等でなかったという背景があったりすると、そういうことが遺産相続のときに露わになることが多いのでしょう。何でも奪い合って育ったなど、きょうだい間の力関係が影響するかもしれません。もめごとが苦手な人は、遺産相続を放棄して身を引くことで解決しようとする人もいます。

家族というのは、同じＤＮＡと生活環境を分け合っていても、性格はそれぞれ個性的でバラバラです。同じ環境で、同じＤＮＡの肉体を共有していても、それ以外の部分では、個々のユニークなアイデンティティーを持とうとするのが自然です。

肉親同士の間で、平和な力関係が成り立たないとき、それはお互いの生き残りに関わってきます。それが殺意にも似たような、強烈な嫌悪感に変わってしまい、血縁を切って一生関わり合いたくないといった思いになってしまうことがあります。

親の体を通して、この世に生命を授かった同士でも、いったん親から独立した時点で、個別の人間として、それぞれ独自の人生を歩んでいくようになります。そこでまるで他人のようになってしまうこともあります。

きょうだいで公平に助け合っていくことは、小さい頃からの積み重ねでできるようになることです。誰かがいつも我慢させられていたり、誰かが主導権を握っていたりすると、それが大人になって改善されるチャンスがなかなかないものです。

冷静にお互いの権利を尊重しあえるかどうかは、それぞれが公平な人間でないと成り立ちません。また、自分の利益しか考えず、家族を思いやれない人と、今後もつきあっていけるかどうかも試されるときでもありますね。遺産の総額から考えて、自分はいくら欲しいか、誰がいくらもらうべきかなど、それぞれの考えを具体的に交換して、みんなが納得できる分配にできるといいのですが……。これも魂的な試練ですね。

5

「魂の居場所」の章

あなたが本当に心地いい環境・
磨かれる環境を見つけてください

「場所」のエネルギーを上手に使う

　人生はあっという間に過ぎていってしまいます。日々の営みを丁寧に積み重ねながら、まずは、自分が理想に向かって生きていることを実感できる「環境」を設定する必要があると思うのです。

　どこに住むか、どんな暮らしをするか。自分が好きな町に住んでいることは大切です。土地からもらうエネルギーは大切ですから。

　そしてどんな人と出会いたいかを決めましょう。仕事や職場への通勤経路は出会いのきっかけになる場所ですから、自分がやりたい仕事に就いて、自分の好きなロケーションで働けるのが理想です。

　しかし仕事の条件は、住居の条件のように自分本位に決めるのは難しいので、職場やそのロケーションのエネルギーが自分にピタッとこない場合も、その周辺や通過地点で自分のエネルギーに合う場所を探してみましょう。いつでもどこでも、自分らしいエネルギーに包まれていられるように、身に付けるものからエネルギーをもらうのもいい方法です。

生きていく場所は、魂を満たす場所であってください

自分が暮らす土地からもらえるエネルギーは、魂的にもサバイバル的にも大切です。朝の目覚めの瞬間や、夜眠りに就くとき、「ここで暮らせて幸せ」と思えることが、日々の生きる気力につながっていきますから。

住んでいる場所が自分に合わないと感じるときは、ストレートに、そこにいたくなくなってきます。経済的な理由で、我慢して住んでいたとしても、ずっとそこで動けなくなるのは、よくありません。いつか自分は自由に動けるようになる、いつでも自由に動いていいんだと信じることから始めましょう。

魂的に解放されることで、発想が変われば、もっと理想の環境で暮らせるようになる方法が観えてくるはずです。

経済的に自由になることも大切ですね。そのために、とにかく働くことも自分への

チャレンジです。

引っ越しの目標を達成するまでの過程で、必ず自分は成長できるはずです。

ある外国の田舎町にお住まいの日本人の方が、「ここには何もないけど、とても好きなんです」とおっしゃっていたのを思い出します。この方は外国の小さな町で、コツコツ働いて、毎日を幸せに暮らしていらっしゃいました。

例えば同じバイトをするにしても、自分に合わない土地でやるのと、自分の好きな土地でやるのとでは、大違いです。そのバイトがサバイバル目的だけのものだとしても、**魂を満たしてくれるのは、その土地であり、環境**なのです。そして本来叶えたい目標さえあれば、それが魂的アイデンティティー（魂の看板）になっていきます。

自由な発想で生きていけるかどうかは、自分次第だとはいえ、土地には人を引き寄せる魅力がありますから、集まってきている人たちと交流して生まれるエネルギーも、その土地ならではのものですね。

どうも今いる場所のエネルギーが好きじゃない、と感じるなら、もっと幸せになれる場所を探しましょう。

家やマンションを買う際は、無理なくすんなり、魂的に納得できるものだけを

家を建てるときに、家相や方角を気にされる方もいらっしゃいますが、私自身は、家相や方角ではなくて、魂的にピンとくるか、その家の中に入ったときのエネルギーがいいか、そういう実感をガイドラインにして家を選ぶようにしています。

一般的な占術によると、あまりにも家相や方角が悪いということになると、魂的、直感的、感覚的にはそんなに気にならなくても、何かあるかもしれないと心配してしまうでしょうから、気持ち良く決断できない場合は、やめておいたほうがいいと思います。

家は、待てば待つほど、さらに気に入る物件が出てきますから、いったん気に入った家を逃してしまっても、必ずまた気に入る家が出てくると信じましょう。そして家選びの過程でタイミングを逃して、「あの家は最高だったのに～。さっさと決めておけばよかった！」と悔しい思いをするのも、本当に納得できる家を選べるようになる

ための学びの過程です。実際のところは、本当にすべて気に入る家はないと考えるのが正しいでしょう。そして家の良いところや悪いところは、住んでみないとわからないものなのです。

家相や方角が悪くても、その場のエネルギーを浄化する方法は色々ありますから、家相や方角を選べない場合は、エネルギーのクレンジングを習慣にするのもおすすめです。

私は、**どんな環境でも自由な発想で行動できることが、魂的に解放されること**だと思っています。どんな家相でも方角であっても、幸せに暮らしていけるかどうかは、自分次第です。

家について魂リーディングをする際に気になる点は、その地域のエネルギーがご本人に合っているか、隣近所の人のエネルギーに摩擦を感じないか、水害が出ないか、値段が適当であるか、学校などの条件がいいか、ご本人が本当に求めている家なのか……などです。ただ、不動産を買うタイミングに関しては、ご本人の意思だけでは決まってきません。

魂リーディングでは、だいたい何月ごろに決まりそうだという月日が出てきますが、それも家との巡り合わせや、融資のタイミングなどによって、流動的になってくることもあります。

本当は今買わなくてもいいのに、ご本人の意思が強すぎて、それを尊重するのが正しいという解釈になる場合もあります。

今買わなくていいと感じる理由は、そのうちまた引っ越す可能性が観えていたり、家を持つことが魂的にもサバイバル的にも負担になりすぎる背景が観えたり、その家を買っても飽きてしまったり、その土地に馴染めなかったりするなどです。

地震などの自然災害はつきものなので、それを理由に家を買わないことにするかどうかは、個人的な判断になります。地震が怖いから家を買わないとなると、誰も家を買えなくなってしまうからです。それでも地震などの災害の可能性をひどく気にしてしまう場合は、家は買わないほうがいいのでしょう。それによって心配が絶えなくなってしまっては、魂の自由はありませんから。

家を買いたいけれど、一般的な占いで天中殺など悪い時期だと出ている、でもどうせなら早く買いたい、という場合は、無理なく買える家を選ぶことをお勧めします。値段的にも、環境的にも、無理をしない。転売したり、貸したりしやすい家を選ぶのがいいと思います。

持ち家を所有することで、いかに魂が自由になるかとか、サバイバル的にも暮らしやすくなるかなど、そういう基準で価値判断されるといいでしょう。

経済的な自由、居住空間を自分の好みにできる自由、人と交流する自由、そういった自由と、新しい可能性を生み出す自由が得られる家であれば、理想的だと思います。

家を維持するのにお金も労力もかかりますから、それも自分に合ったものであるようにしてください。

引っ越すのにいい時期は、引っ越したくなったときから始まっています。基本的に、いつ引っ越しても、何回引っ越してもかまわないのです。ただお金も時間も体力も投資しないといけませんので、それらのことを現実的に考えて、無理がないのであれば、引っ越していいでしょう。

海外に行きたい気持ちがあるなら、魂が示す方向に行ってみましょう

海外留学したいとか、海外で働きたい、暮らしたい……そんな気持ちがありますか？　私の長年のリーディング経験から、人の中に芽生える「海外に行きたい」という気持ちは消えないものだと感じます。

もしかすると前世からの由縁があるのではないかと思うくらい、はっきりした理由もなく、海外で暮らしたいと感じるようになって、それが原因で地元に落ち着けない人がたくさんいらっしゃいます。

家庭環境が悪くて、土地ごと変え、言語も変えて、人生をやり直すような勢いで、海外に出てしまう人もたくさんいらっしゃいます。

海外旅行にしろ留学にしろ、または就職で海外に出たいと考え始めたにしろ、それを達成するまで、「いつになったら海外に行けるのかな」と考え続けてしまうものです。結婚もしないでそのチャンスを待ち続ける人もいます。

海外に出るにあたって、何の抵抗も疑問もなく飛び出せる人と、いろいろ下準備をしてからでないと、海外に出られない人に分かれます。

今の時代、海外に出るか出ないかは、飛行機代が払えるかどうかくらいの違いです。海外で暮らしていけるかどうかは、自分ができる仕事を見つけて、言葉をマスターして、暮らしていけるようになるか、そのために柔軟に行動できるか、そういったことを力試しされます。

言葉の壁は暮らしていれば、生活に必要な語学力は誰でも習得できますし、どこにいっても日本語を話す人が必ずいるはずです。どの国でも、現地で暮らす日本人がいるはずですから、そういう方々をお手本にできるでしょう。

日本で行き詰まったことが、海外で開ける可能性があり、海外で不可能なことが、日本では可能になるかもしれません。

どこにいても可能性は同じくらいあるはずなのですが、どこにいたほうが自分の発想が自由になるのか、どこにいたほうが感覚的に思い通りに動けるのか、そういうことが、自分の暮らすべき環境を決めていくのでしょう。

少しでも海外に行きたいという気持ちがある人は、とにかく行ってみるべきです。魂が示してくれる方向へ、出かけてみましょう。そこで出会う何かが、自分の運を切り開いていくきっかけになりますから。

海外で暮らすなら、自分が自分であることを第一に考えてください

海外で暮らすには、まずはビザの問題、仕事の問題を乗り越えなければいけないわけですが、海外に出るきっかけとして、留学やワーキングホリデー、海外赴任、海外赴任をする人と結婚する、海外出身の人と結婚するなどの方法があります。または準備もなく観光でとりあえず現地に行ってから、仕事や結婚相手を見つけて海外に移住するきっかけをつかむ人もいます。

正式にビザや永住権が取れる方法を見つけるには、海外で人とつながっていけるかが決め手になると思います。自分の財産や抽選でビザを取得する方法以外は、自分を支援してくれる人との出会いが必要になってきますから。

どうすれば、自分と海外とのご縁を強めてくれる人や仕事と出会えるのでしょうか。

これも、まずはそれが叶うと信じて望むことです。特に自分で望んだわけではないけ

れど、仕事で海外に出るきっかけができたとか、家族がきっかけで海外に出ることになったという方もいらっしゃいますが、ここでは自ら海外に出る方法を探す人にフォーカスしましょう。

人づきあいが苦手で、人と信頼関係が築けない人は、海外に行って孤立することで、人間関係の大切さを知るチャンスになります。海外で生活を確立していこうとするときに、自分は誰で、何を得意とするか、何を目的に海外に来たのか、どんな志があるのか、そういったことを証明できないと、誰も関心を示してくれませんし、信頼もされないでしょう。

魂的にもサバイバル的にも、アイデンティティーを確立させてください。

日本で通用する保守的な服装をしても、それだけで信用されることはありません。奥ゆかしく謙虚にしていては、何を考えているかわからない人という印象を与えるだけで、相手にされません。

自分の将来に夢や希望があって、海外でそれを達成するために、どんな努力でもしそうな人、真面目にコツコツ頑張ってくれそうだと思ってもらえないと、自分をサポートしてくれる人は現れないものだと思います。

新天地で、人と信頼関係を作っていける人が、海外で人生を築き上げていける人だと思います。海外では「日本の標準レベル」を基に評価したり、期待するべきではありませんし、日本の常識や風習に守られることもありません。


価値観の違いを尊重して、自分も違っていられることに感謝できる。日本にいると、「違っていること」「個性が強いこと」「まわりに合わせられないこと」を指摘されることが多いと思うのですが、海外では、自分の個性が評価されます。

皆が同じ色になるのではなくて、多様な色が必要なところに収まって、全体を成す感じです。日本にいたときと同じようにいかないから、という理由で凹んでしまう人は、日本的な発想から自分を解放しないと、海外で人生を切り開いていくチャンスを逃してしまいます。

また逆に日本にいると、自分とは本質的に違う人たちの中にでも、紛れ込んでしまうことができる、便利とも危険とも言える状況があります。

職場などで、無難なタイプの人間になりすますことができると思うのです。しかし海外でそれをやると、主張しない人だと思われて損な役ばかり回ってきたりします。

特に多人種が共存している社会の中では、人の特徴をつかむことで、その人を理解しようとしますから、日本では浮き出てしまいがちな人が、海外では「わかりやすい」と評価されて、活躍しやすいという背景があると思います。そういうところが、魂的にも心地よくて海外に永住する日本人も多いですね。

海外で暮らしていくためには、自分が自分であること、自分が何を提供できるかがわかっていることが大切だと思います。

海外で何がしたいのか、どの分野でやっていきたいのか、どんなスキルがあるのか、経済的に困ったときや、突然解雇されたときに、バイトなどで臨時収入を稼ぐ柔軟さがありますか？

どんな状況も受け入れながら、自分に望ましい結果につなげていける発想ができるか、そういったことが、海外に出た人の運命の展開に影響してくると思います。

日本の社会の中で生きていくことに違和感を感じるなら…

日本で幸せに生きていける人、日本で生きていくのがつらい人、これも大きく分かれます。日本の何が良くて、何が悪いかということではなくて、まずはその人が生まれ育った背景や親との関係、そして日本での自分の可能性について、どう感じるかなどに影響されていると思います。

学歴や年齢制限の厳しさや、モノトーンに偏りがちな思考や流行、個人の声を尊重するより、世の中の流れに合わせることを期待されがちだったり、前例がないものは受け入れられにくいことなど、日本には、標準的な枠から出てしまうと、とても生きづらくなる背景があると思います。

「出る杭は打たれる」と言いますが、発想に合わせられる人は問題にぶつかることが少なく、それに合わせられない人は、問題にぶつかりまくって、誰も助けてくれないとか、助けてもらえないで孤立してしまう。自分の可能性を決めるのは、自分の意志ではなくて、それぞれの分野の標準的な基準の枠の中に入れるかどうかで決まってくる……、日本ではそんな傾向が見られて、その枠に入りたくても入れない人は、どんなに頑張っても認められない。だから無駄な努力はしないことを決め込んでしまう人も出てきます。

「物事は、なるようにしかならない」「状況に逆らわずにじっと耐えるのが一番」「何事も仕方ないと受け入れる」……こういう姿勢を貫いて生きる人も多いですし、そうせざるを得ない状況もたくさんあるでしょう。そのような中で、それに反発することは「間違っている」とされることもあると思います。

魂のアイデンティティーが「自分らしさ」ではなく、「世の中に認められる自分」という発想になってしまっていないでしょうか。

無難に「標準に合わせる」ことを期待されがちな社会の中では、標準に合わない部分を個性として尊重してはもらえないでしょう。「浮いている」と評価されることさえあって、「自分は認めてもらえない人間である」と思い込んでいる人もたくさんいます。

それが自信のなさやコンプレックスになっていく。自分らしさを捨てて、会社に求められるクオリティーの枠の中に自分を押し込んでしまうことで、経済的な安定が得られたとしても、魂の自由を捨て、仮の姿で生きることに息苦しくなったら、それは日本の社会の中で幸せに生きていけるか、疑問に思うようになるでしょう。

日本で暮らすほうが幸せになれるか、海外で暮らすほうが幸せになれるか、というご相談をよく受けますが、あらゆる日本の標準的な考え方や、しがらみから解放されて、親の期待や世間体を気にせず、日本的な枠の外で自分の人生を試してみたい人は、海外で暮らしてみるといいでしょう。

海外に出たくなる衝動は、自分の人生の基盤を変えてしまいたいという気持ちから出た勢いです。日本で試せないことに挑戦するとか、環境を変えて自分を試すとか、日本では見出せない可能性を海外に発見できるかもしれません。日本では果たせないような進化を遂げることができるでしょう。

それに、日本を出ると、日本独特の良さや、日本ならではの素晴らしさがよくわかるようになります。

たとえば、時間通り、期待通りに物事が進みやすいこと、一般的に丁寧で洗練されたサービス、そして家族や友人など自分を支えてくれる人々など。そういった「安定」したクオリティーが期待できる日本でのほうが自由に動きやすいと感じる人は、日本で暮らすのがいいと思います。

結婚相手は日本人？ それとも外国人？

自分は日本人と結婚したほうがいいのか、外国人と結婚したほうがいいかという相談をされることがありますが、これは、魂が知っていることなのだと思います。自然と日本人に惹かれるか、外国人に惹かれるか、その傾向に従って間違いないでしょう。

日本人に惹かれる人は、日本独特の概念を共有できる人のほうが安心なのでしょうし、外国人に惹かれる人は、日本独特の概念から解放されたいのでしょう。またはその内外を行ったり来たりして、自分の理想に合わせた独自の概念を持つことでバランスが取れるのだと思います。

例えば、男性が経済的にも精神的にも、一家の大黒柱として責任を担うという考えは、日本にはまだ健在な感じがありますが、欧米先進国では、「男性が家族を養っていく」という考えは、成り立たなくなってきています。

また、人生のパートナーとして最高の関係でも、あえて結婚しない人が増えていま す。離婚することになった際、経済的な痛手が大きくなるから、結婚はしないで、経済的にも独立したままのほうが、いい関係でいられると考える人も多いようです。

男性は経済的に家族を支え、女性は家族を守って夫についていく、といった考えは、古風な感じがしますが、そんな関係に憧れる女性は多いようです。

ところが、当たり前のように夫が稼ぎ、妻が主婦として家庭を営んできたのに、ある日突然、「もう家族の面倒をみたくなくなった。自由になりたい」と言って、夫が出ていってしまうケースが少なくありません。

日本でもありえることですが、海外で暮らしていて、突然離婚や別居を言い渡されて、いきなり経済的に自立をしなくてはいけなくなるのは、日本にいるよりも大変です。自分の経済的自立を返上して、主婦として夫の収入に頼ることは、経済的な自由を手放すリスクを背負ってのことなのです。


結婚すれば、妻という役割が与えられ、問題を起こさなければ、それなりの安定が保証される。そんな結婚を期待する人が多いような印象があります。

そういう結婚を、「普通に結婚したい」と表現する人が多いのですが、これはサバイバル的な要素が多く、その中で魂的な関係が築いていけるか、心配なところがあります。普通に生活できていても、魂的に満たし合えないと、一体感がなくて、風穴が空いたような感じになってしまいそうです。

日本人と外国人、どちらと結婚したから安泰と言えるものではないと思うのですが、一般的に外国人と結婚することを選ぶ日本人は、日本で生まれ育った過程で、何らかのトラウマを抱えた人が多い印象もあります。

誰もがそうだとは言えませんが、外国人と結婚して、日本人としてのカルマを浄化しようとしているのかもしれませんね。親との関係に距離を置きたくて海外に出てしまう人が多い印象もありますし、そういう人が海外でそのまま結婚する場合、一生をかけて、日本でできた「しがらみ」を浄化したいからなのかもしれません。

とにかく自分の生い立ちとは違う人生を求めているから、というのは確かなのではないでしょうか。

「親が心配だから」というのは言い訳です。自分の準備ができていないのです

ずっと海外で暮らしたいと思ってきた。でも親のことが心配でそれができるか悩んでいるという人の多くが、実は**自分自身が海外に出る準備ができていない**という印象を受けます。

海外でやっていける自信がないとか、経済的に親にサポートしてもらわないといけないとか。「親が心配で」とおっしゃられても、実は親御さんはまだお元気で、年齢的にもお若く、10年〜15年くらいは子どもの世話になる必要もないケースも多いのです。

海外に行きたいならば、1週間でも1ヶ月でも1年でも、行ってみる。きっと魂的に得られるものがあるでしょうから。日本での日常を離れてみないと得られない何かがあるはずなのです。親を理由に、海外生活をあきらめて後悔し、「親のせいで行けなかった」と思うようになるのは残念です。

親のための人生ではなくて、自分のための人生を生きないと、親に100%感謝で

きなくなってしまうかもしれません。やがてくる未来、親が亡き後の自分の人生は、自分が望んだ通りのものであるべきです。それを実現させるのが、自分への責任ですし、そうさせてくれた親に感謝することが、最高の親孝行ではないかと思います。

いったん海外で生活していく基盤ができたら、何かあったときは日本に一時帰国してでも、親の面倒をみることを覚悟すればいいのです。こればかりは先のことを心配しすぎても、取り越し苦労になります。

とにかく親が元気なうちに、少しでも海外に出て、やれることをやってみようと考えるのは、いいことだと思います。新しい環境に順応しようとすることで、自分の発想が柔軟になれば、日本にいながらも、日本的な概念の枠の中で空回りしないで、自由に動けるようになるかもしれません。一般概念や常識の中で身動きが取れなくなってしまったときは、海外に出て視点を新たにしてみることで、新しいアイデアが出てくるでしょう。どうしてもサポートが必要な親御さんがいらっしゃるのなら、介護のサポートを受けて、ちょこちょこ短期で海外に出るようにされるのもいいでしょう。とにかくできることをやりましょう。行動しないよりは、行動したほうがいいのです。

6

「魂の浄化」の章

澄んだ心とからだと魂に整えていきます

「澄んだ魂が宿る肉体を維持するために」

現状を変えたいけど、変えられない！　そんな悪循環の中で動けなくなっている人の魂リーディングをさせていただくとき、私にはグレーなエネルギーを発散されているように観えるのです。

肌の色が悪く、目に輝きがなく、全体にグレーな感じのエネルギーが、どよんと漂っている。エネルギーが新鮮に入れ替わって循環することなく、古いエネルギーが同じところに溜まっているような、そんな印象があります。

あなたは今、グレーなエネルギーになっていませんか？

そんな状態では、これから新しく出会う人々に好印象を与えられないですよね。

将来性のあるチャンスや運をつかむために、将来性を感じさせるエネルギーを発散できるようにしたいですよね。

グレーのエネルギーを金色のエネルギーに変えていきます

現状はすぐに変えられなくても、自分のエネルギーは今すぐに変えられます。

まずグレーなエネルギーを、新鮮で透明なエネルギーに変えるようにイメージしてください。そしてさらに金色のエネルギーに入れ替えるイメージをしましょう。自分は金色に輝ける！　そう信じることから始めましょう。

新しいチャンスをつかむことは、新しいエネルギーを取り入れること。仕事なら、生き生きとしたエネルギーが感じられる人とご一緒できたほうがいいですよね。恋愛や結婚となるとなおさらです。関わる人と影響しあって、新しいエネルギーを毎日発生させていくわけですから、まずは自分自身が新鮮なエネルギーの源になりましょう。

自分が変われば、まわりの状況も変わると信じて、自分で変われるところから、どんどん変わっていきましょう。どんどん新しいエネルギーを取り入れている人からは、はつらつとしたポジティブなエネルギーが感じられます。

毎朝「よし、今日も何か改善しよう」という「やる気」でスタートすることを習慣づけましょう。大きなことを達成しなくても、毎日少しずつ、小さな改善の積み重ねができることを目標にしましょう。

私は朝一番、スプリング・ウォーターまたはそのお湯にレモンを絞って飲んで、さらに葉酸たっぷりのケールのグリーンスムージーを飲みます。これだけでも、「今日も頑張ろう〜」と気持ちがググッと上がってきてくれます。

ひんやりした朝の空気に触れるために外に出たり、早朝ストレッチや早朝ヨガをすると、スッキリした気持ちになれます。忙しくても毎日運動ができるように工夫するのも、「やる気」の積み重ねですね。

気をつけていても、ずっと座りっぱなしで仕事をしたり、睡眠不足になることも多く、どんどん自分のエネルギーがグレーになるのがわかります。そういうときは、公園など木が多い場所に、木のエネルギーをもらいに行きます。それできーっと固まったエネルギーがほぐれる感じがするのです。または、アロマのお風呂やシャワーでグレーなエネルギーを洗い流すようにします。

仕事に追われてピリピリしていると、笑顔もつくれなくなってしまいがちですが、緊張をほぐしてエネルギーをユルユルに変えてくれる環境に自分を放り込んで、エネルギーの浄化を助けてもらうこともできるのですね。

ダメだとわかっている答えに自分の勝手な理由で執着していても、エネルギーはグレーになってしまいます。そういうときは、あきらめるというよりは、代替えできる答えの出し方がないかを探るのもいいでしょう。

自分のエネルギーがどんよりグレーになっているときは、周りの人も気がつくはずです。「大丈夫?」と心配されるようなことがあったら、新鮮なエネルギーを取り入れるために、工夫をしてみましょう。**自分を悩ますことすべて、いったん天のゴミ箱に返上するのもいいでしょう。** いったんすべてから魂的に解放されたら、自分のエネルギーが変わっていくのを感じられるでしょう。

新鮮なエネルギーを取り入れる生活習慣は、幸せを呼んでくれる習慣です。 毎日新エネルギーを取り入れて、ピカピカの魂でいられるようにしましょう。

ネガティブな自分をクレンジングしてしまいましょう

何事もネガティブに考えて、最悪な結果ばかり気にしてしまう人がいます。友達や恋人に「一緒にいると疲れる」と言われて、傷ついたりしていないでしょうか。

私は何でもネガティブに考えることが習慣になっている人のことを、「ネガティブ・モンスター、通称ネガモン」と呼ぶことにしています。少しでも「ゆるキャラ」的なイメージにして、ネガティブ効果を弱めようとするのが目的です。

何でもネガティブに考えてしまうのが、習慣的になっている人も多いと思うのです。自分はまず最悪なパターンから考えてしまうタイプだと自覚できるなら、いつも自分の中のネガモンが魂のペットみたいになっているのですね。でも、**ネガモンなりのポジティブパワーを発揮させることもできる**のです。

例えばネガモンは最悪な結果ばかりを期待するので、逆に何でもラッキーに感じられたり、最悪な結果でも受け入れる心構えがいつもできているから、そんなに凹まないとか。マイナス効果に打たれ強くしてくれるのがネガモンなんでしょうね。

いつもマイナス思考のところにいて、マイナス現象を当たり前とするのは、自分が落胆したくないからです。

何を言われても、何を提案されてもネガティブに捉えるのは、「自分にはできない」「自分はやりたくない」という気持ちの表れでしょうから、せめて「自分だったらやらないけど」といった表現にしてみましょう。ネガティブなエネルギーが与える不快感は、ポジティブなエネルギーが与える爽快感よりも、後を引く感じです。そして嫌味のこもった一言が、いつまでも不快な余韻を残すのです。

自分がため息をつくたびに、周りの人の希望や夢を吹き消してまわっているはずですから、気をつけないと、一緒にいると疲れると言われてしまいます。それに自分が気づくこと、そして無駄なネガティブな一言を控えるようにすること、そして自分のエネルギーを浄化して、魂的にもいつも前向きでいられるように意識しましょう。

どうしてもネガティブに考えてしまうのは、過去につらい経験をしたからかもしれませんが、それを塗り替えるだけのポジティブな経験をすることが、今の自分の課題なのだと思います。

どんな最悪の状況の中からでも、ポジティブなことを生み出すチャンスを見つけることが可能ですし、**苦境に立たされたときほど、同時に新しいチャンスが発生する**ものなのです。

人と意見が合わないとき、そこに新しい課題やチャレンジがあると考えて、それを追求してみてください。必ず納得して合意に近づける方法があるはずなのです。否定的なエネルギーは、それに反発するポジティブエネルギーに変えてしまいましょう。

精神的、体力的に疲れすぎていてネガティブになる、ということもあります。

ポジティブになれる生活習慣としては、睡眠をしっかりとること、適度な運動をすること、お酒や糖分の摂取を控えること、塩分を摂りすぎないこと、太陽の光にあたること、加工食品を食べないこと、できるだけオーガニックの食材を摂ること、毎日笑う機会を持つこと。そうやって、前向きに頑張る精気を養いましょう。

前向きに考えられないときほど、前向きに考える糸口を探すべきです。**発想を変えながら、人生の歪みの隙間を探し続けると、そこから新しい可能性を見つけていくことができる**からです。決して自分からあきらめないでください。絶対に不可能！と爆発しそうになるときに、じつは新しい可能性を自分で踏んでしまっているかもしれませんから。

どんなにポジティブでいても、ネガティブでいても、人生の苦楽は発生します。ならばポジティブでいられたほうが、魂と肉体の健康のためにもいいし、周りの人も幸せにできると思います。

世代のズレを実感しはじめた時こそ、自分の立ち位置を確認してください

まだまだ若いつもりでいたけれど、40歳目前となると、これまで感じなかった年齢の壁を自覚せざるをえないようなことが増えてきます。自分では認めたくなくても、周りの人が先に認識してくれて、「私って、年なのかしら」と愕然としてしまったり。年齢は、お誕生日がくるときっちり上がっていきますが、感覚的には年齢より5年～10年くらいはズレがあって、35歳過ぎても30歳になりたての頃と変わってないような気がしている人は多いでしょう。

自分は若い頃と変わっていないと思っていても、後輩達とのコミュニケーションが取りにくくなってきたりして、世代の違いが気になりはじめていませんか？ 自分の立ち位置が観えなくなってきたり、孤立していると感じたり、自分より若い人たちが活躍したりするのを見て、自分にはもうチャンスが来ないと思ってしまう人が多いよ

うですが、これは、**人生のステージが違うのだと考えてください。20代、30代は、ほかの人に認められる時期ですが、40代は自己を知って、自分の価値を肯定する時期です。**自分のステージを作って上がるくらいの気持ちでいてください。魂的アイデンティティーも、そろそろ安定しているはずです。

自分より若い人たちが、年上の自分をどう扱っていいかわからなくて困惑しているようなら、自分の立ち位置を示してあげるといいでしょう。無理に合わせようとしないで、先輩としてシッカリしてください。自分が20代、30代のときにやっていたことを、繰り返さなくてもいいでしょう。

20代、30代は、「どこまでやれるか、限界までやってみよう！」というステージですが、40代は、若さだけでカバーできない自分の能力や体力の限界を知って、だからこそ、ここから伸ばしていける自分の特性も見極められるようになる世代です。一緒に飲みに行っても、若い人たちにペースを合わせるのではなく、自分のペースを守りましょう。魂的にも先輩なのだから、自分をよく知って、自分に合った楽しみ方をしないと、逆に格好悪いでしょう。

40歳を過ぎないと、わからないこともたくさんあります。若さゆえの体力と勢いだけで頑張ってしまう20代、30代の人たちを見て、「あんなことしてたら後で大変だよ」と客観的に思える余裕も、40代にならないと出てきません。

同じように仕事をしていても、子育てしていても、若い人と同じ勢いや体力でやっているわけではありませんから、要領よく行動したり、適当に力を抜いたりすることができるのが40代からの人生の素晴らしいところです。

20代、30代の人たちと同じペースで遊んで、仕事して、子育てして……というのではなくて、自分のペースを守りながら、35歳から45歳の間に自分の人生を見直して、50代を迎える準備をしながら、人生経験を積んだ大人としての観点や判断力を活かせるようにしたいですね。

世代のズレが観えると、時代の変わり目や、さらにその次の世代に必要なことが観えてきます。「今」に振り回されがちな20代、30代と違った視点で、客観的に、「今、過去、未来」を見渡して、将来性のある判断ができるようにしたいですね。

でも、でも、でも…のトライアングルにすっぽり入っていませんか？

何かに取り組みたい気持ちがあるのに、何かを変えてしまいたい気持ちがあるのに、それができないとき、環境や条件や対人関係のせいにしていないでしょうか？

自分が思うように行動できないのを、誰かのせいとか環境のせいにできればラクなのですが、じつは、ほかの誰でもない自分自身がその妨げになっていることが多いのです。「これがないから、できない」というのは、「でもやってみたら、できた」に変換できるはずです。

「頼れる人が全くいない！」と気づいた瞬間から、新しい出会いの可能性が開いているのです。望めば必ず解決策が出てくると信じましょう。「これが欲しい！」と願いましょう。すると今まで見てなかったところに、可能性が観えてきます。偶然の出会いも重なることでしょう。

やりたいことが、できないとき、「でも、でも、でも……のトライアングル」に入ってしまっていないか、イメージしてみてください。

「これがやりたい、でも、でも、でも、できない」という悪循環で、結局、何もできなくなってしまう。何かができない理由が2つ以上重なると、3つ目にはあきらめてしまうことが多いのです。

たった3つの理由で？

この3つのダメな理由を全部改善することができれば、やりたいことが全部できるようになるかもしれないのに。


お金がない、時間がない、ツテがない、体力がない、知識がない、経験がない、これらの全ては自分で生み出せることです。

才能とチャンスは自分で選べるものではありませんが、努力と情熱なしに才能もチャンスも活かせません。

チャンスは回ってくるものだと信じ続けること。それができるだけでも、人生の手応えや達成感は増すでしょう。

「でも、でも、でも…のトライアングル」の撤去に取り組んでいるうちに、自分が変わっていけることに価値があります。それが新しい可能性を生むはずなのです。

自分より才能にもチャンスにも恵まれている人と、今の自分を比べてあきらめてはいけません。自分の可能性は、そういう人たちの届かないところにあるのですから。

「でも、でも、でも……」とできない理由にぶつかったら、今はできないけど、本気で集中してやれば、できるようになる、と信じることから始めてください。**今の不可能を可能にすることを、毎日信じて生きる。**それができるだけでも、人生の観え方が変わってくるはずです。

イメージやルックスよりも、生き方で勝負するということ

顔立ちや体型も自分の大切な個性なので、その特徴を活かせるのが一番いいのです。自分の見た目も含めて、自分のありのままを好きになってくれる人と、魂的に結ばれるべきなのですから、ルックスに自信がないからという理由で、出会いやチャンスを望むのをあきらめてしまうべきではありません。

実のところは、エネルギー的な印象のほうが見た目よりインパクトがありますし、人はエネルギーに魅力を感じるものなのです。

人の見た目の第一印象の決め手は、体型でも顔立ちでもなくて、髪型だったり、メガネだったりします。体型なんて、洋服の印象で変わってしまいますし、世の中、細身のモデルさんみたいな人が好きという人ばかりではなく、見た目なんか気にしないところが素敵だったり、クマさんのように頼もしい体格に安心感を感じたり。見た目

が良くても、魂的魅力がない人には、惹かれないと思うのです。

私がニューヨークで暮らしてきて学んだのは、太ろうが痩せようが、今の自分に自信を持って、好きなお洒落をする大切さです。自分がハッピーでいられることが最優先です。


それに、見た目の印象を良くする方法は、いくらでもあります。

そのためにファッションや美容業界が成り立っているのですから。そういうことをうまく活用して、自分の好きな印象に近づいていくことはできたとしても、素敵な生き方、かっこいい生き方、真心が伝わる生き方ができていないと、一生涯続いていく魅力を感じてもらうことはできません。ですから、**生き方で勝負しましょう**。そして、**魂のアイデンティティーが自分の理想と一致している人とつながっていきましょう。**ケミストリーとか、波動とか、ウマが合うとか、相性がいいとか、そういう言葉で説明できる以上のものをカバーしてくれますから。

そんな魂的なつながりを感じられる出会いに、イメージやルックスは関係ないと思います。

今の人生に感謝できますか？

いつも前向きに、ポジティブに生きて行くためには、今の人生に感謝できないといけません。今の人生に不満があったとしても、感謝することで新しい幸運が生まれるのだと思います。

例えば、自分のエネルギーを示す振り子があって、真ん中に「感謝」、左側に「不満」、右側に「目標」というマークがあるとイメージしてください。

今の自分の気持ちはどこにあるでしょうか。

振り子をイメージすると、グーンと「不満」のマークのところに針がいってしまうようなら、それをバネにして今の現状を改善するために行動しましょう。目標があるのはいいことです。

目標に向かって努力できているときは、振り子の針が、「感謝」のマークのところに来るでしょう。感謝の気持ちなしに目標を追うと、それが不満となって溜まります。ちょっとしたことで不満が爆発して破壊的になってしまう可能性大です。感謝の気持ちと敬意がないと、自分にも、他の人にも批判的になって、ダメなところばかり気になって文句を言うようになります。他の人を攻撃的に批判したことは、悪いカルマとなって自分に戻ってくるはずだと思うのです。

目標に向かって必死で頑張ってきたのに、「もう、何やってるんだろう」と思うときは、その過程に感謝ができていないということなのです。

「何もかもうまくいかないのに、結果が全然出ないのに、それを感謝していいのか？」と思ったり、「時間とお金ばっかりかけても全然結果につながらない。このまま続けるのがしんどくなって感謝できない」と感じることもあるでしょう。しかし、今目標に向かって努力できることに感謝するべきです。

長く続けて、コツコツ結果をつなげていくことでしか、自分がやっていることの本当の価値と意味がわからないかもしれません。目標を達成しようとするとき、「飛ぶ鳥を落とす」とか、「飛躍する」とか、「彗星のごとく」とかいうイメージをするのではなく、点を置いていくと、そのうち線になるはず、といったイメージをするほうが効果的だと思います。**どんな目標も、コツコツ努力をする「経過」の継続の中を生き抜いた人が達成するのです。**

不満は新しい目標を達成するためのエネルギーに変換して、感謝の気持ちで次の目標に向かいましょう。**不満－感謝－目標－感謝－不満－感謝－目標－感謝、とやっていると、人生はポジティブに前進するはずです。**

どうしても今の現状に感謝できないなら、あなたの魂は何らかの理由で蝕まれ始めているということでしょうから、人生の方向転換するタイミングが来ているのかもしれません。今やっていることに感謝できるなら、自分にとって正しい軌道に乗っているということなのでしょう。また次の変わり目が来るまで、しっかりそこでやっていけば、いいと思います。がんばってください！

おわりに

今日アメリカは、感謝祭という祝日です。信仰の自由を求めてイギリスからアメリカに渡ったピルグリムたちが、厳冬で瀕死の状態だったところを、先住民たちが恵んでくれた食料で生き延びることができた、というのがこの祝日の由来の大きなあらすじなのですが、とにかく「人に助けられて生き延びることができていることに大感謝する日」なのです。

こんな日に、『すべてを叶える自分になる本』を書き上げられたことに、大感謝です。

私自身、昨年は生と死の崖っぷちに立って、そこからしか観えない絶景を観させていただくといった経験をしました。ガンと診断され、「これで死ぬのかもしれない」と、死ぬ覚悟をしなきゃいけないのかと思わされたのですが、すぐに治療をして、「いや、今すぐ死ぬんじゃなくて、もっと生きられるかもしれない」と、結果的にはさらに生き延びる覚悟をさせてもらうことになりました。

ある日突然、あの世行きのエレベーターに閉じ込められて、「あなたの人生これで終わりです」と言われたのが、その扉がバーンと開いて、「さあ、生きなさい」と解放されたような感じでした。

それ以来、今までの当たり前の風景のすべてが、鮮明に輝いて観えます。もう「生きる美しさ」だけしか観えなくなりました。そして、自分が生きているからこそできること、今世でやりたいこと、やりかけていることを、全部やってしまおう！と、今度こそ本気のそのまた本気で思うようになったのです。

これまでも、そう思って取り組んできたけど、なかなか形にさせられなかったものを、どんどん形にしていく。死を目前にすると、自分の人生がどうあるべきなのかが、はっきりします。

読者の皆様には、死を覚悟するような体験をしなくても、「自分は今世で何をしたいのか、何をするべきなのか」がわかっていただけることを願って、本書を書き上げました。

自分が望むこと、すべてを叶えると信じて生きてください。そんな気持ちをサポートするために、Kanau Cross NYC by Mayumi ブランドを立ち上げ、「叶う」ジュエリーのプロデュースもしました。

新しい寿命をいただいたのだから、やれることは、どんどんやろう！　と、とにかく行動あるのみです。ですから、魂リーディングをさせていただくときも、「とにかく一番やりたいことを、やりましょう」というのが大前提です。

生きていくために、やりたくもないことに一生懸命になるのは、間違っています。やりたいことを一生懸命やるために、生きていくのです。無難に生きようとしても、人生は決して無難ではありません。「運命は強い意志には勝てない」と信じて、自分の望みをすべて叶えてほしい！　それをお手伝いができることが、私の幸せです。

最後に、編集担当の手島さんをはじめとする青春出版社の関係者の皆様、こうして本を通して魂的につながっていける、貴重なチャンスを与えていただけたことに大感謝いたします。皆様の望みが、すべて叶いますように！

２０１５年11月26日　　原田　真裕美

Special thanks to my husband Ken, my two beautiful sons Michael-Akira and Julian-Kenji for your love and support. You guys have carried me through the most challenging time of my life. You guys are the reason that I'm still here. I LOVE YOU!! and Happy Thanksgiving !!

著者紹介

原田真裕美　大阪出身。7歳で父親の死を予知した時から、予知能力、霊とコンタクトする能力、過去や前世を透視する能力などに気づく。87年に渡米。未来や過去の出来事を詳しく視つつ、その人の人生の出来事の意味を分析するセラピー的な効果のあるリーディングが特徴で、NYを拠点に世界各国からの依頼を受けている。

初の著書『自分のまわりにいいことがいっぱい起こる本』（小社刊）は75万部のベストセラーに。『あなたの人生で本当に大切にするべき27のこと』（サンクチュアリ出版）、ほか著書多数。

本書は、誰にでも訪れる人生の軌道修正期という転機で、幸運の道を選ぶためのヒントを書き下ろした。自分のステージを上げて究極の幸せを目指してください！

すべてを叶《かな》える自分《じぶん》になる本《ほん》

2016年1月5日　第1刷

著　　者　原田真裕美《はらだまゆみ》
発 行 者　小澤源太郎

責任編集　株式会社 プライム涌光
電話　編集部　03(3203)2850

発 行 所　株式会社 青春出版社
東京都新宿区若松町12番1号 〒162-0056
振替番号　00190-7-98602
電話　営業部　03(3207)1916

印　刷　中央精版印刷　製　本　大口製本

万一、落丁、乱丁がありました節は、お取りかえします。

ISBN978-4-413-03984-0 C0095